SHODENSHA
SHINSHO

なぜマンションは高騰しているのか

牧野知弘

祥伝社新書

はじめに——超高額マンション完売に沸くマーケット

「新築マンションの販売価格が1戸で55億円！」

2017年4月、三井不動産レジデンシャルが分譲した「パークマンション檜町公園」は、世間を騒がせました。場所は「東京ミッドタウン」の近く（東京都港区六本木4丁目）、最高価格55億円を付けたのは7階建て最上階で、住戸面積580㎡（175坪）でした。1坪（3・3㎡）あたり（販売坪単価。以下、坪単価）3135万円という天文学的な価格です。購入者は、報道などによれば香港系の財閥だそうです。

この金額を上回ったのが、2021年4月に分譲された「マーク表参道ワン」です。売主はファルコンホールディングという特定目的会社（SPC）で、公に広く売り出されたわけではありませんでしたが、最高価格の住戸は面積626・93㎡（189坪）で67億6000万円、坪単価3564万円でした。

さらに、この記録を塗り替える物件が登場します。森ビルが事業主で、虎ノ門・麻布台プロジェクトの一環として2023年11月にオープンした「アマンレジデンス東京」です。

高級ホテルのアマンによる各種サービスが付いた超高級ブランデッドレジデンス（第1章で詳述）は64階建て、高さ330mと、現時点（2024年1月）で日本の最高層建物となります。この54〜64階に91戸のマンションが誕生したのです。販売にあたっては価格などの情報は公開されず、相対（あいたい）になるようですが、最高価格は1500㎡（453坪）で2億ドル（280億〜300億円）と噂（うわさ）されています。

アメリカのニューヨークやモナコ公国などでは、戸あたり300億〜500億円のマンションは存在しますが、アマンレジデンス東京は世界的に見ても高価格と言えるでしょう。

この物件の去就はともかく、時代は新たな高みを目指しているように見えます。かつて超高額マンションと言えば1億円、いわゆる「億ション」でした。ところが今や、それは普通のマンションに成り下がり、不動産業界では昨今、超高額マンションとは「2億ション」「3億ション」を指します。つまり販売価格で2億円を超えないと超高額マンションとは呼ばないのです。

確かに、東京の赤坂（あかさか）や六本木などで販売されるマンションでは3億円を超える住戸は珍しくありません。本書では、坪単価700万円以上、販売価格3億円以上のマンションを「超高額マンション」と定義します。

ちなみに本書では「高額」と「高級」を使い分けることとします。マンションの価格がなぜ高くなったのかがテーマですから、マンションの立地や建物仕様が「高級」であることとは別の意味として「高額」と表現していることをお含みおきください。

今、業界で話題になっている超高額マンションが、港区三田1丁目で三井不動産レジデンシャルと三菱地所レジデンスが共同開発する「三田ガーデンヒルズ」です。

2025年3月に引き渡し予定、総戸数1002戸の巨大プロジェクトですが、タワーマンションではなく地上14階建てのマンション2棟で、住戸面積29・34〜376・50㎡、平均坪単価は1300万円です。アマンレジデンスと比べればかわいらしく映りますが、価格は85㎡(25・7坪)・3LDKで3億3000万円です。ちっともかわいくないですね(笑)。広い住戸は4億円を超えてきますから、庶民にはとても手が届きません。

大阪も負けてはいません。大阪駅北口の再開発事業「うめきた開発」の第2期で登場する46階建てマンションは、最上階の住戸の価格は何と25億円! 住戸面積は300㎡(約90・7坪)ですから、坪単価2755万円になります。大阪でも、超高額マンションが供給されるようになったのです。

こうした動きを見て感じるのは、もはやデベロッパーは一般国民などを相手にしていないということです。善きにつけ、悪しきにつけ、日本社会および日本人の階層分化は進行しています。高度成長期から平成初期にかけて形成された分厚い中間層はすでに崩壊し、少数の富裕層と大多数の貧困層に分断されるようになりました。そんな日本で、デベロッパーは誰を相手に商売をすればよいかを熟知し、言わば確信犯で事業を行なっているのです。

摩夜峰央原作のコミックで映画にもなった『翔んで埼玉』に、「埼玉県人にはそこらへんの草でも食わせておけ！」という有名なセリフがありますが、これを「埼玉県人」ではなく「一般国民」に言い換えられる時代が、現実になってきたのかもしれません。デベロッパーは、上級国民が満足するような超高額マンションを提供して稼ぐことに忙しく、あまり儲からない一般国民を相手にすることに興味を失っているように見えます。

時代の流れと言ってしまえばそれまでですが、こうした状況にはどのような背景があるのでしょうか。

不動産は社会のインフラと言われます。とりわけ、マンションはストック数で７００万戸にもなる一般的な居住形態になっています（戸建ては同２７００万戸）。それが居住という目的を離れて投資商品になるなど、進化し始めています。こうした進化の先には、何が待っているのでしょうか。

本書は、マンション価格の高騰から、日本社会の変化、そして未来を考察するものです。最後までおつきあいいただければ幸いです。

２０２４年2月

牧野知弘（まきのともひろ）

目次

第2章 誰が買っているのか

第3章 一般国民を相手にしないデベロッパー

第4章 これからのマンション、3つのキーワード

第5章 マンションの本当の資産価値とは？

本文写真 牧野知弘
章扉写真 Adobe Stock
図表作成 篠 宏行
本文デザイン 盛川和洋
本文DTP キャップス

第1章
増え続ける〝億超え〟マンション

億ションはもはや普通の物件

不動産経済研究所が調査・発表する「新築分譲マンション市場動向」によれば、２０２３年上半期（１～６月）、首都圏（１都３県）における新築マンション供給戸数は１万５０２戸。平均価格は８８７３万円と、前年同期比で36・３％もの大幅な値上がりとなりました。

これを東京23区に限定すると、平均価格は何と１億２９６２万円、同60・２％上昇になります。坪あたりに直すと６３６万円です。庶民感覚から言えば、都区内の新築マンションは一般的なファミリー向けである66㎡（20坪）はおろか、10坪＝６３６０万円すら手が届かないのが、今のマーケットの現実です。

もちろん、こうしたデータには一定のバイアスがかかることがあります。たとえば、同時期に供給された新築物件のなかに、都心一等地でまとまった販売があったとの指摘があります。

しかし、たとえば東京都北区のＪＲ埼京線の十条（じゅうじょう）駅前の市街地再開発事業（第３章で詳述）によって誕生するタワーマンション（タワマン）は、間取り２ＬＤＫ～４ＬＤＫ・住戸面積58～92㎡で、販売価格は８０５０万～１億５８９０万円です。坪単価は約５００万円、つまり66㎡（20坪）で1億円です。

私は長らく不動産業界に身を置いてきましたが、誤解を恐れずに申し上げるなら、この立地の相場観からはびっくりするような価格です。たまたま、この物件の発売前に、事業関係者と話す機会があったのですが、彼らですら「驚きの価格」と言っていました。

ところが、売り出してみると反応は上々とのことです。確かに、徒歩1分の十条駅から埼京線直通で池袋まで7分、新宿に13分、渋谷には18分という交通利便性、また充実した商店街など、評価できるポイントはあります。それにしても、板橋区の下町、十条エリアで坪単価５００万円は、驚き以外の何物でもありません。

一昔前であれば、販売価格が1億円を超えるマンション、「億ション」は一部のセレブリティ（セレブ）にしか買えない憧れの物件でした。ところが現在、その立地は東京都心一等地以外に、加速度的に広がっているのです。

大阪市北区中之島に、関西電力の子会社・関電不動産開発が２０２３年夏に販売開始した「シエリアタワー中之島」という46階建てタワマンがあります。これは土地の所有権がない、定期借地マンションであったにもかかわらず、最上階の１６８㎡（約

51坪）の住戸が4億3999万円をつけて話題になりました。坪単価は863万円です。

このマンションは2026年3月に引き渡し予定、定期借地権の期限は2098年ですから、およそ70年間借りたあとは、建物を解体・撤去、更地（さらち）に戻して土地所有者（関西電力）に返さなければなりません。それでも、大阪都心部の一等地ということで、反応が良いようです。

中古物件でも1億円超え

では、販売数が限られる新築マンションではなく、中古マンションで1億円を超えるような物件はどれくらいあるのでしょうか。

2023年9月の中古マンションサイト・HOMES（ホームズ）から、東京23区内でどのくらいの億ションが売りに出ているのかを調べたのが【図表1】です。このサイトでは、同じ物件が複数の業者から売りに出されているケースがあるので、数値としては一部重複がありますが、だいたいの傾向を見るうえで参考になるでしょう。

港区は、住民の平均年収が23区のなかでもっとも高いと言われている通り、掲載数

【図表1】 1億円以上の中古マンション数（東京23区）

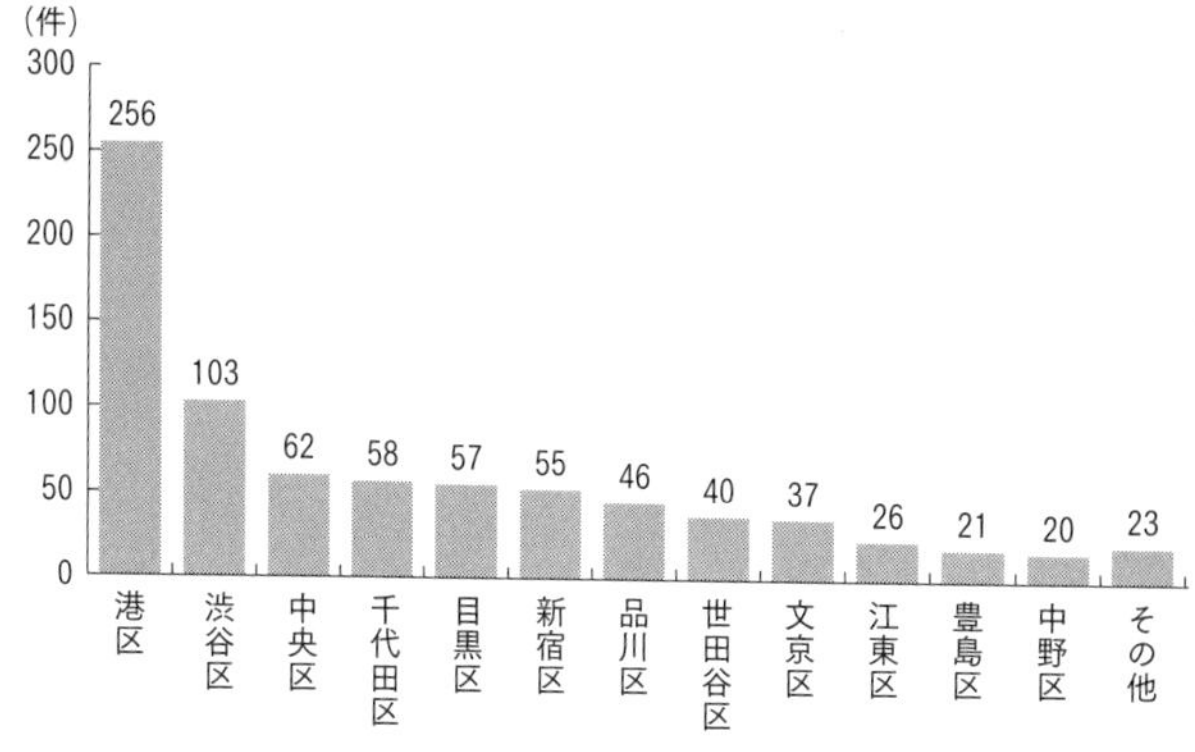

※2023年9月5日時点の売却掲載戸数

出所：HOMES

は256物件と突出していますが、千代田区、中央区を含めた都心3区だけでなく、渋谷区、新宿区、目黒区などで50戸以上の掲載数が確認できます。

また、タワマンが多数供給されている品川区や江東区は一頃、都心部と比較して割安感がありましたが、今や億ションエリアに入っていることが見て取れます。

下町エリアでも台東区の上野近辺や墨田区の錦糸町近辺、どちらかと言えば戸建て住宅街の印象の強い杉並区や練馬区でも億ションが普通に登場するようになっています。

どこもかしこも億ションだらけ。それでも流通し、マーケットが成立しているところからも、もはや、「東京のマンションは億ションが当たり前」になったと言えるのです。

続々発売される超高額マンション

億ションが普通のマンションとするならば、超高額マンションとはどのような物件、金額になるのでしょうか。

近時の業界調査レポートでは、坪単価で700万円を超えるものを高額マンションとして扱うようになっています。坪単価700万円ですと、100㎡(30坪)で2億円を超えてきます。

2019年1月から2023年10月に首都圏で発売された坪単価700万円以上の物件を一般広告ベースで調べると、その数は101棟になります。さらに、「はじめに」で紹介した「三田ガーデンヒルズ」のように、坪単価が1000万円を超える物件は26棟を数えます。【図表2】

立地は港区と渋谷区が目立ちます。建物階数で20階以上になる高層マンション、いわゆるタワマンは意外に少なく、10階未満の低層マンションが目につきます。このク

【図表2】坪単価1000万円以上のマンション(首都圏)

所在地	階数／総戸数	坪単価(万円)		価格(万円)	
		最高	最低	最高	最低
港区・三田	14／1,002	3,951	954	450,000	23,100
港区・浜松町	46／389	2,719	965	100,000	16,540
渋谷区・千駄ヶ谷	27／471	1,899	694	137,000	12,880
千代田区・三番町	17／102	1,611	686	115,000	14,100
千代田区・富士見	18／69	1,568	648	100,000	14,300
千代田区・四番町	14／168	1,368	740	75,000	8,000
横浜市・神奈川区鶴屋町	43／459	1,366	599	66,800	10,060
千代田区・三番町	18／193	1,323	853	51,900	11,950
渋谷区・恵比寿南	11／88	1,288	660	78,000	11,980
港区・麻布台	17／34	1,256	911	33,680	20,980
渋谷区・猿楽町	12／75	1,246	747	69,000	12,600
港区・白金	45／1, 247	1,204	550	53,580	3,980
渋谷区・神山町	4／55	1,194	730	58,000	15,900
渋谷区・渋谷	15／128	1,149	1,011	56,000	31,000
港区・虎ノ門	21／120	1,131	813	45,000	10,880
港区・南麻布	4／18	1,124	1,114	73,300	55,300
新宿区・四谷	35／280	1,120	638	39,900	12,500
港区・麻布永坂町	11／18	1,100	664	45,780	14,270
港区・白金台	5／19	1,095	604	72,000	14,900
渋谷区・猿楽町	4／20	1,088	814	49,000	21,800
渋谷区・広尾	6／22	1,052	698	39,000	9,280
品川区・西五反田	32／301	1,046	539	49,568	10,078
品川区・上大崎	7／34	1,034	581	32,000	7,150
港区・海岸	32／420	1,031	568	32,990	9,490
港区・高輪	8／27	1,015	838	37,700	12,580
横浜市・中区山手町	3／7	1,004	690	50,000	29,000

※2019年1月～2023年10月

出所：一般広告をもとにオラガ総研作成

ラスのマンションになると、住戸面積も比較的広く、100㎡を超えるゆったりとしたマンションが多くなります。

渋谷区渋谷で分譲された「宮益坂ビルディング ザ・渋谷レジデンス」（128戸）は、1953年に東京都が分譲した日本初の分譲マンション「宮益坂ビルディング」を、旭化成不動産レジデンスが建て替えたものです。「渋谷ヒカリエ」にデッキ直結のこのマンションは2020年7月に竣工し、1戸4億～5億円という超高額マンションとして大変な話題になりましたが、今やこの価格帯のマンションはそれほど珍しい存在ではなくなりました。

最近では、神奈川県横浜市内でも利便性の良い横浜駅前や横浜屈指の高級住宅街である山手町などのマンション価格が、平均で坪単価700万円台に突入しています。

こうした状況を踏まえると、超高額マンションはもはや「億ション」ではなく、「はじめに」で述べたように、「3億ション」とならざるを得ないのです。

そして、業界関係者が一様に口にするのは、こうした超高額マンションがとてもよく売れているという現実です。

超高額マンションの設(しつら)えとサービス

超高額マンションは、港区や千代田区あるいは渋谷区といった、都内でも有数の好立地にある点で、共通項があります。

売り出し中の物件の広告サイトを見ても、まず登場するのは物件が存在する街、エリアのイメージです。ネットなどでは、広告に記された宣伝文を「マンションポエム」などと揶揄(やゆ)しますが、これらの物件がある立地は誰しもが憧れるようなところばかりで、ポエムを書かずとも、すぐにイメージできます。強調されるのは、立地によって多少の違いがあるにせよ、歴史や文化、銀座(ぎんざ)などに近い高級感や圧倒的な交通利便性、国際性などです。

次に強調されるのが、建物のデザインです。建物に関するデザインは大きく分けて外装と内装があります。外装については、中低層マンションでは、高級感を演出する石貼りの外壁、敷地内のランドスケープ、照明、そして重厚な窓サッシにも手抜きがありません。外装は、タワマンになると限界があります。高層部には重量の軽い素材を使用する必要があり、石を貼ることはできません。デザイン性に限界があるのです。

実は、超高額マンションの勝負どころは、共用部などの内装です。国内外の有名デザイナーによる設計やデザイン監修を売りにするのは、もはや当たり前。ゆとりのあるエントランス、巨大な吹き抜け空間が広がるロビー周り、きらびやかな照明、ゆったりとくつろげるデザイン家具など、超高額マンションに住む高揚感を余すことなく演出します。

戸数の多いタワマンになると、住民の健康維持に配慮してジムやプールなどの施設を持つところもあります。さらには、ライブラリーやシアタールーム、ちょっとした会議や打ち合わせができるファンクションルーム、最上階にスカイラウンジなどを備えたところもあります。

超高額マンションに住むセレブたちは、安全に関しても厳しい要求をします。二重のオートロック機能はもちろん、多数の防犯カメラの設置、ドアマンの常駐や玄関扉での顔認証システムの採用など、至れり尽くせりです。

「はじめに」で紹介した、「パークマンション檜町公園」を例に取りましょう。このマンションは非常に防犯性が高く、基本的に各フロア2住戸に1台のエレベーター、いわゆる「2戸1エレベーター」が設置されています。これ自体は珍しいものではありませんが、各エレベーターには向かい合わせに2つ扉があり、住戸ごとに独立したエレベーターホールがあります。つまりエレベーター待ちで他の住民と一緒になることがないのです。地下の駐車スペースからホールを経て、そのまま住戸にアクセスできるのも売りになっています。

日々の生活においてさまざまなサポートがあるのも、このようなマンションの特徴です。フロントにはコンシェルジュが常駐して来客への対応、荷物の預かりや受発送、クリーニングの預かりなどを受け付けます。最近の超高額マンションでは、これをさらに進化させたバトラー（執事）サービスを謳うところも増えてきました。まるで高級ホテルに滞在しているかのようなサービスを享受できるのです。

同じく「はじめに」で紹介した「三田ガーデンヒルズ」のサービスを見てみましょう。こちらでも、コンシェルジュ、ポーター、ドアマンがつき、バトラーサービス、バレーサービス（キー預かり駐車代行）などのサービス機能が満載です。もちろんハード面でもワークスペース、プール、ジム、フィットネスなど多彩な共用施設を楽しむことができます。

サービスのロボット化やAI生成などによる効率化など、世の中は人を使わずともできるサービスの追求が主体になっていますが、超高額マンションにおける住民サービスはその逆で、人による丁寧できめ細やかなサービスを売りにします。実は、人を使うサービスはもっとも高度なサービスができる分野なのです。

当然ですが、コンシェルジュなどを使うと人件費が発生します。また、サービスのなかには、必ずしも住民全員が求めるサービスばかりではないものも含まれています。しかし、こうしたマンションに入居する人にとって、そんなことはどうでもよいのです。ドアマンも、バトラーも、コンシェルジュも存在するのが「当たり前」であり、その費用をあれこれと言わないのが「お約束」なのです。

人を使ったサービスこそ究極の贅沢。超高額マンションの最大の売りとも言えます。

タワーマンションから低層ブランド立地マンションへ

首都圏には、どのくらいの数のタワマンがあるのでしょうか。

実は、タワーマンションを定義する法令はありません。不動産経済研究所では、各調査において20階以上の高層マンションを別途統計調査数としてカウントしていますので、最近ではおおむねタワマンと言えば20階建て以上のマンションを指すようになりました。

【図表３】タワーマンションの供給推移（首都圏）

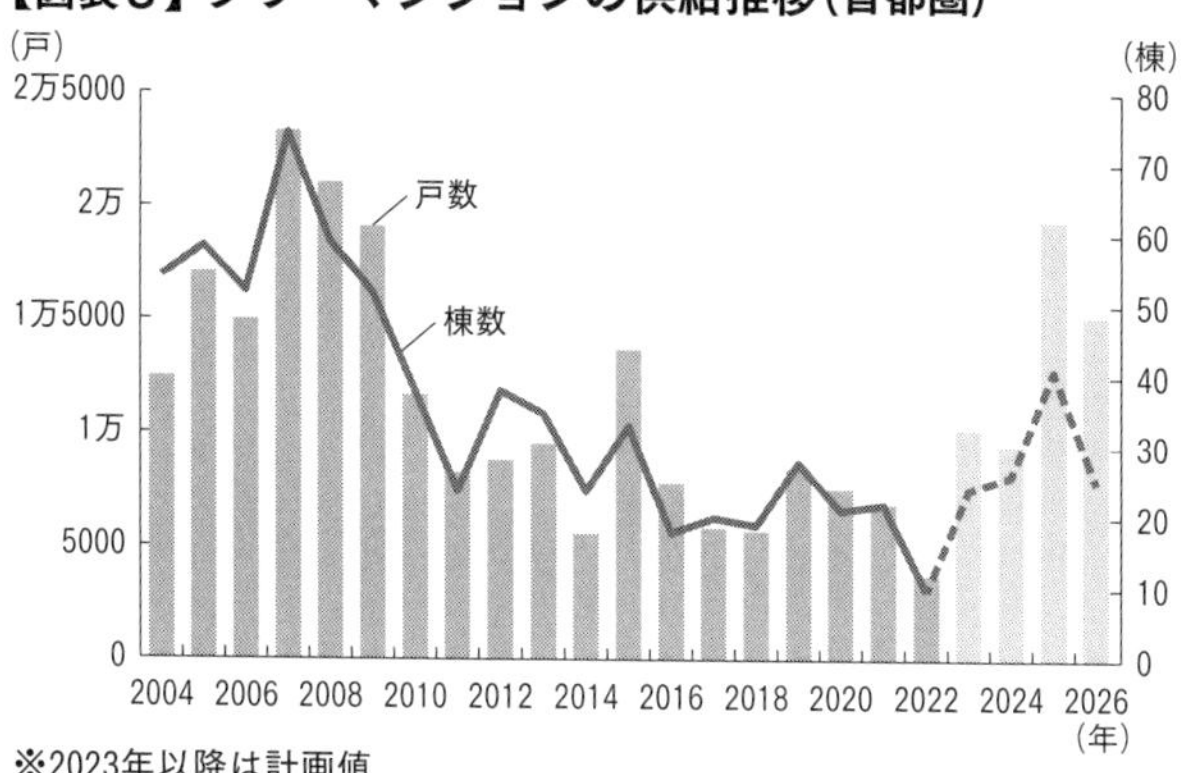

※2023年以降は計画値

出所：不動産経済研究所

同じく不動産経済研究所の調査データによれば、２００４年以降、２０２２年までに首都圏で供給されたタワマンは６７９棟・21万１８７９戸におよびます。【図表３】

同期間内で供給されたマンションは89万２１１９戸ですから、戸数ベースで言えば23・８%、およそ４分の１がタワマンの形態で供給されたことになります。

私たちは何となく、タワマンは建物の高さだけでなく価格も高い、つまり高級マンションの代名詞のように扱いがちですが、首都圏で供給されるマンションの多くがタワマンという事実は、この〝常識〟に疑問を持って接しなければならないことを意味します。

私の事務所に相談に来られた、あるお客様

の話をしましょう。お客様は江東区豊洲のタワマンにお住まいの若いご夫婦、いわゆるパワーカップル（第2章で詳述）で、夫婦共働きでばりばり稼いでいらっしゃいます。いわく——そろそろ子供も欲しいし、引っ越したい。タワマン暮らしといえど現在は賃貸、家賃は月額40万円ほど。毎月家賃で垂れ流すのはもったいない。最近はマンション価格も高騰しているらしいから、資産形成にも良いのではないか——との動機です。

住まいを買う場合、まず重要なのは立地です。現在の住居の印象をうかがうと「悪くないです」とのお答え。眺望も良いし、ごみ捨ては各階ごとのステーションで処理してくれるし、週末の買物は近くに「ららぽーと」があるので便利とのこと。満足度が高いことは、すでにネットベースで近隣の中古マンションの候補案件をいくつかピックアップして、見学もされている様子からもわかります。最近の値上がりぶりは目を見張るばかりで、希望する条件は面積で１００㎡・３ＬＤＫ、予算は1億円半ばくらいです。

また、必ずしも豊洲に拘っているわけではなく、資産性の高い立地、物件であればどこでもかまわないとのこと。男性の勤め先が渋谷方面でしたので、豊洲はそのまま検討を続けることにして、私たちのほうからの勧めで港区の青山や白金などブランド立地のマンションもいくつか当たってみることにしました。

　広いマンションをご所望されていましたが、青山や白金で１００㎡前後になると、価格は跳ね上がります。豊洲よりざっと1億円を上乗せして2億後半~3億円。さすがに予算オーバーです。こちらから勧めた手前もあるので、いくつかの物件を用意し、同予算であれば80㎡前後になってしまうことを説明しました。

　さらに、ブランド立地にあるマンションの資産性は建物そのものよりも、土地の価値が変わらないことにある旨を付け加えました。建物は経年劣化します。設備の修繕や更新、外壁などの補修をまめに行なっても、近くに続々と建ち上がる新築物件との差は歴然としたものになります。しかし、青山や白金などはエリア自体にブランド価値があり、建物の劣化をある程度覆い隠してくれ、資産価値が落ちにくいのです。

　また、ブランド立地は住宅地としての地位を確たるものにしてきたところが多いため、容積率が低く抑え込まれていて、高層の建物はそもそも建設できません。その多くが3~5階程度の低層のマンションが多いのです。

　豊洲とは異なり、駅までの距離もやや遠い物件ばかりでしたが、お客様は、エリアとしての環境の良さに気づいたようでした。そして多少の予算オーバーはかまわないとのことで、ブランド立地のマンションを選択肢に入れることになったのでした。

このお客様に限らず、最近は青山、六本木、赤坂、広尾（ひろお）、麻布（あざぶ）、白金、高輪（たかなわ）といった、従来からの高級住宅地の低層マンションを志向する方たちが増えています。

詳しくは第5章で述べますが、タワマンは外国人投資家をはじめ、実際には住むことのない高齢富裕層など、建物内にさまざまな思惑が飛び交（か）っています。短期の転売目的ならばいざ知らず、長い時間軸での資産性で考えると、低層ブランド立地マンションに軍配が上がるのです。

新たなトレンド、ブランデッドレジデンス

最近、世界中の富裕層から熱い視線を送られているのが、「ブランデッドレジデンス」です。これはマンション名にラグジュアリーホテルなどの名を冠（かん）するだけでなく、ホテルに併設して供給され、さまざまなサービス、具体的にはホテル内のスパやフィットネスジム、ルームサービス、メイドサービス、リネンサービスなどを享受できるというものです。

オーナーにとっては超高級ブランド名が冠され、ハイクオリティなサービスが付与されることで、日々の生活における満足度が上がるだけでなく、売却の際にはプレミアムが付くことを期待できます。いっぽう、運営するホテル側にとっては、さまざまな雑収入を得ることができます。両者とも都合の良い事業形態なのです。

なお本書では、ホテルサービス付きの区分所有建物のうち、都市部にあって通常のマンションとして所有して自分で住みながら、あるいは賃貸してホテルの施設やサービスを付加する形態をブランデッドレジデンスと呼び、リゾート地などにあって、区分所有部分を自らが利用する時以外はホテル客室として、レンタルマネジメントプログラムに則り、ホテルに賃貸する形態を「ホテルコンドミニアム」（第3章で詳述）と呼んで区別します。

ブランデッドレジデンスのターゲットは、「ＨＮＷＩ（High Net Worth Individual）」と呼ばれる、純金融資産で１００万ドル（1億５０００万円）以上を所有する富裕層です。

ブランデッドレジデンスの曙は古く、１９２７年ニューヨーク市のマンハッタンの「シェリーネザーランドホテル」に併設されたラグジュアリーアパートメントだとされています。このマンションはセントラルパークを見晴らす抜群の立地にあり、さらにホテルサービスを受けることができたため、一世（いっせい）を風靡（ふうび）しました。

日本での草分けは２００７年、六本木の「東京ミッドタウン」内のホテル「ザ・リッツ・カールトン東京」に併設された「ザ・パーク・レジデンシィズ・アット・ザ・リッツ・カールトン」です。総戸数２４４戸、住戸面積59～４２９㎡です。近時の月額賃料は55万～２５０万円、具体的には60㎡で66万円、１１０㎡で１３０万円ほどです。知人がこのレジデンスに住んでおり、訪ねたことがあるのですが、ホテル内のプールやラウンジを利用するなど、優雅な生活ぶりでした。

さて、ブランデッドレジデンスを含む超高額マンションを買っているのはどのような人たちなのでしょうか、そしてどのような動機や思惑で買っているのでしょうか。次章で具体的に見ていきましょう。

第2章

誰が買っているのか

日本中、暇人だらけ!?

最近、私が感じているのは世の中「暇そうな人が多いな」ということです。

そこかしこで、旅行用のキャリーバッグを引きながら歩き回る日本人の姿を見かけます。「コロナ禍からのリベンジ消費」なる言葉もメディアで喧伝されていますが、以前なら休前日や休日、ゴールデンウィークなどの連休、お盆、年末年始などに限られていた混雑は今や、平日・休日おかまいなしです。外国人訪日客も回復してきていますが、本書を執筆している段階ではその数はコロナ前の水準に戻った程度です。

この状況は、飛行機や新幹線の混み具合を見れば明らかです。私は国内出張が多いのですが、油断をしていると飛行機が予約で満席になることが珍しくなりました。ビジネス需要が回復したのかというと、そうではありません。コロナ禍を経て、多くの企業ではオンラインでの会議や打ち合わせが普通になり、込み入った相談事や契約締結でもない限り、出張を控えるようになりました。

実際、新幹線や飛行機で私の席の周囲は、観光に出かける人たちばかりです。年齢層はまちまちで、リタイアした高齢者はもちろん、学生ではない若いカップルや子連れのファミリー、現役世代と思しき夫婦から、大人の友人グループまでいます。

ホテルも満室稼働で宿泊を断わられるケースが続出しています。宿泊代も上昇傾向にあり、都内はもちろん大阪市内などでも1泊1万円を切るビジネスホテルは少なくなりました。ビジネスホテルを潤しているのはビジネス客ではなく、国内外から押し寄せる観光客が主体になっています。

観光地ばかりではありません。千代田区の丸の内仲通りを歩くと、平日の14時・15時でもカフェは満員、仲通りの入口にあるホテル「ザ・ペニンシュラ東京」のラウンジは、客がテーブルの順番待ちで行列を作っています。渋谷や新宿ならまだしも、大丸有（大手町・丸の内・有楽町）と言われる日本を代表するオフィス街のど真ん中が、オフィスで働いていなそうな客でごった返しているのです。

平日の通勤時間帯にＪＲ新橋駅・神田駅で降りると、パチンコ店の開店を待つ人の列が塒を巻くように街区を囲んでいます。年金暮らしの高齢者ばかりではなく、現役と思われる人たちが大半です。また、駅構内や百貨店のスイーツ店などでは、限定品などを手に入れようとする買物客の列が形成されています。

余計なお世話でしょうが、「みなさん日頃、何しているのだろう？」「仕事はどうしているのだろう？」と心配してしまいます。

時間に余裕があると思われる高齢者（65歳以上）が増えたのは事実です。２００５年に２５７６万人だった高齢者人口は、２０２１年の推計値は３６２１万人と40％も増えています。とはいえ、新幹線に乗ってガンガン旅行したり、１個８００円もするようなスイーツを求めて行列を作ったりする高齢者ばかりとは思えません。

では、こうした現象の背景には何があるのでしょうか。

激増する日本人富裕層

野村総合研究所が発表した、２０２１年における全国５４１３万世帯の純金融資産保有額は１６３２兆円でした。純金融資産額とは、所有している不動産の評価額を含まず、資産額の合計から負債額を引いたものです。

その分布を見ると、超富裕層（保有額5億円以上）は約９万世帯、保有額合計は１０５兆円になります。富裕層（保有額1億円以上5億円未満）は約１３９・５万世帯、保有額は２５９兆円です。つまり、２・７％の世帯が全体額の22％の資産を保有していることになります。【図表4】

２００５年には超富裕層は5万２０００世帯で保有額46兆円でしたから、たった15

【図表4】階層別の資産規模と世帯数

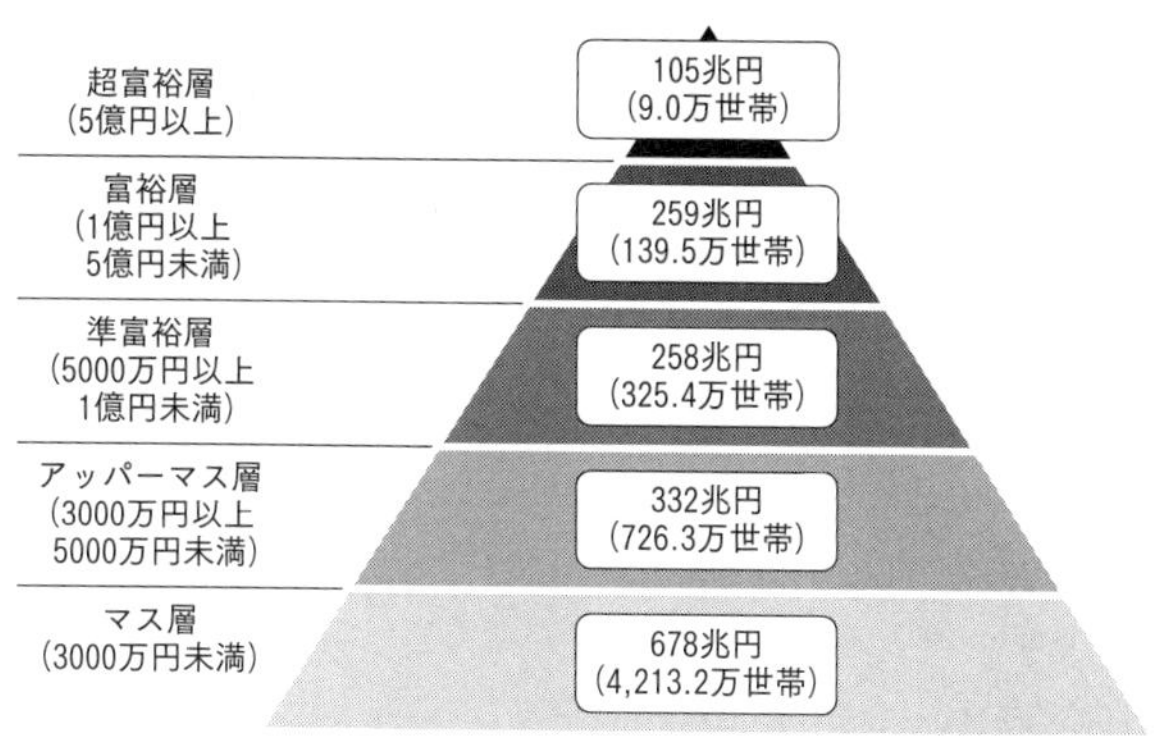

※2021年における世帯ごとの純金融資産

出所:野村総合研究所

年間で世帯数は1・73倍、保有額は2・3倍に膨れ上がったことになります。【図表5】【図表6】

同じ期間で、アッパーマス層（保有額3000万〜5000万円未満）とマス層（3000万円未満）の保有額は1・3倍にしかなっていません。いかに日本でお金持ちが増殖しているかがわかります。

これらの人たちの多くは預貯金、株式、債券、生命保険、貴金属、さらには賃貸用の不動産などを保有しています。つまり、潤沢な資産から生み出される利子、配当金、賃料などで基本的な生活ができる、時間と場所の自由を手に入れた人たちなのです。

【図表5】階層別の世帯数推移

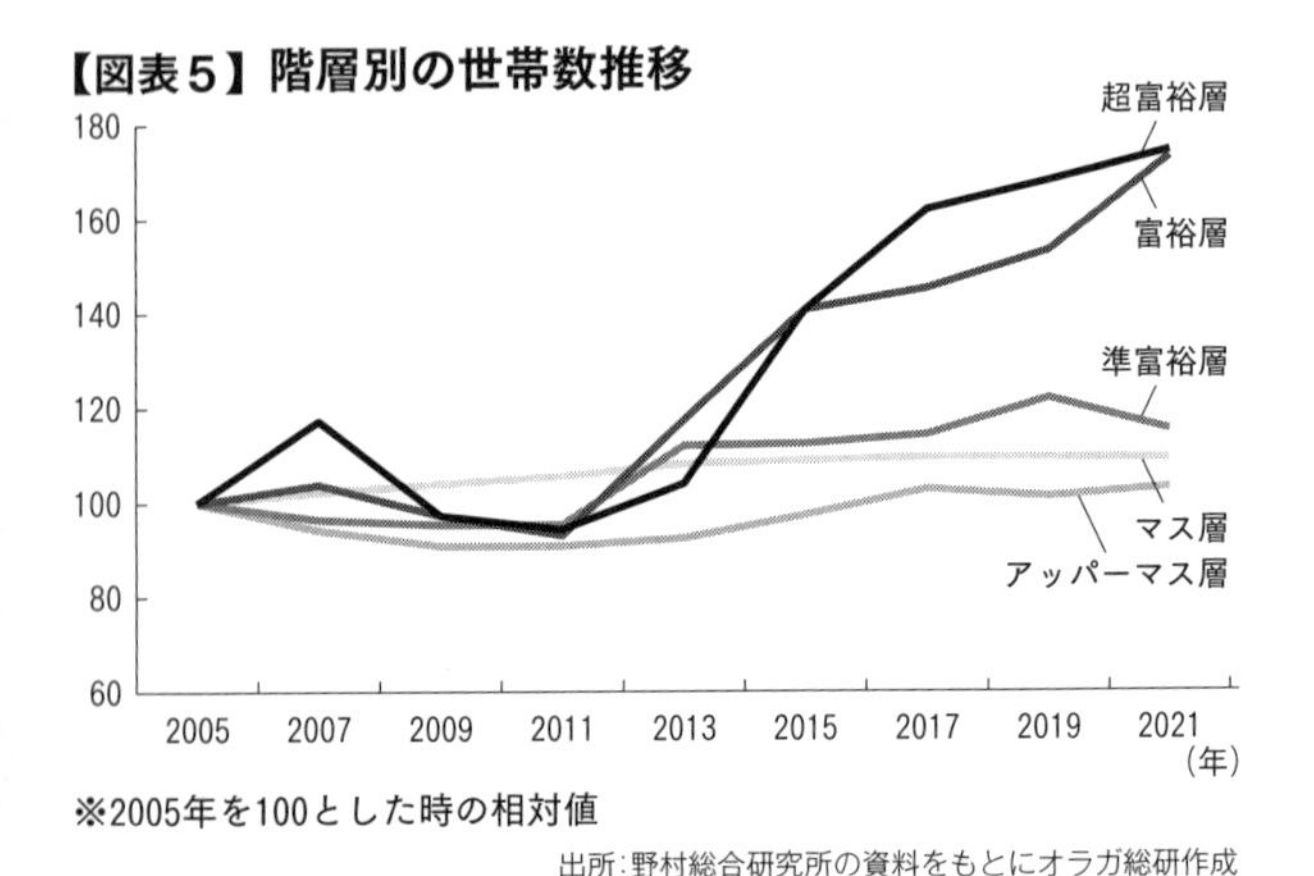

※2005年を100とした時の相対値

出所:野村総合研究所の資料をもとにオラガ総研作成

【図表6】階層別の資産(純金融資産)推移

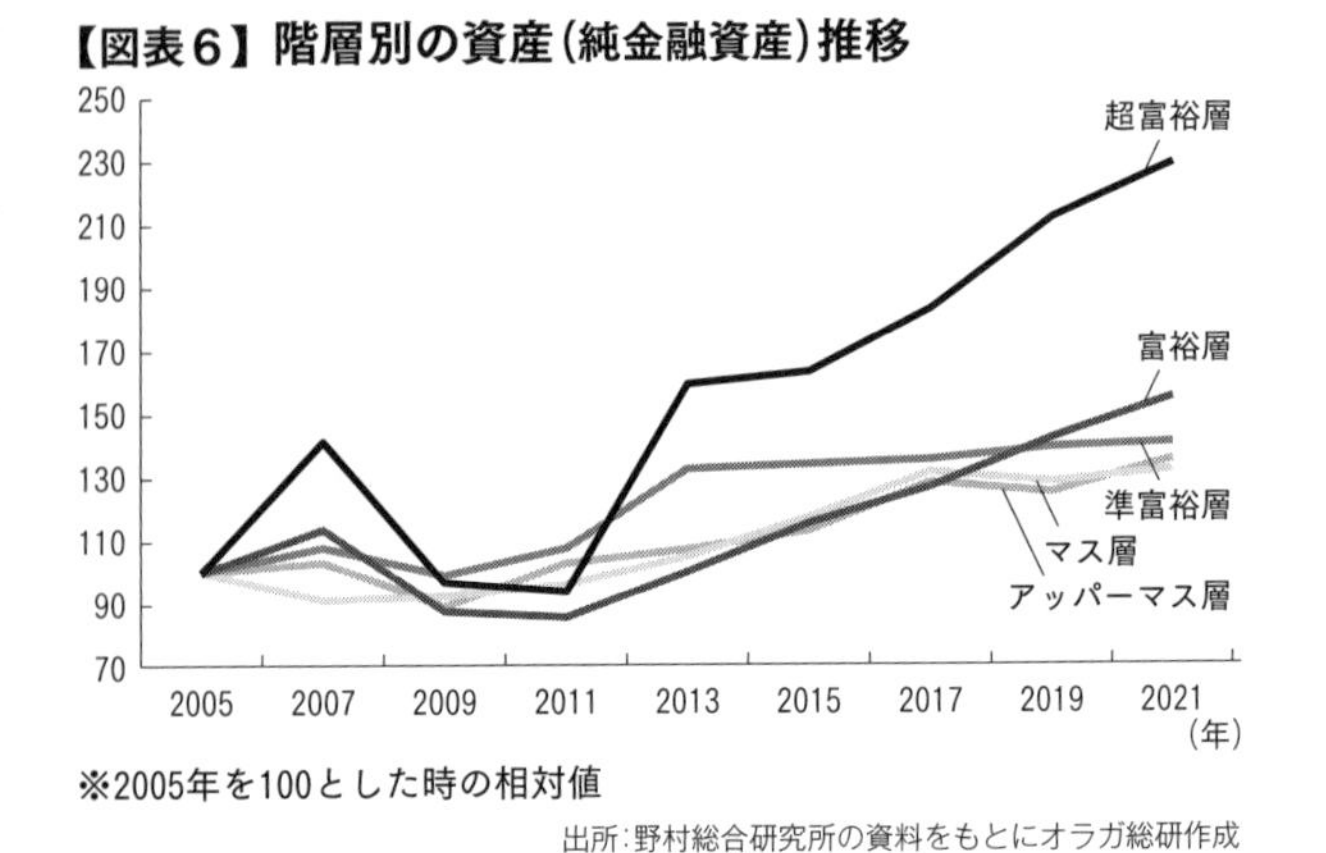

※2005年を100とした時の相対値

出所:野村総合研究所の資料をもとにオラガ総研作成

【図表7】国別の富裕層人口

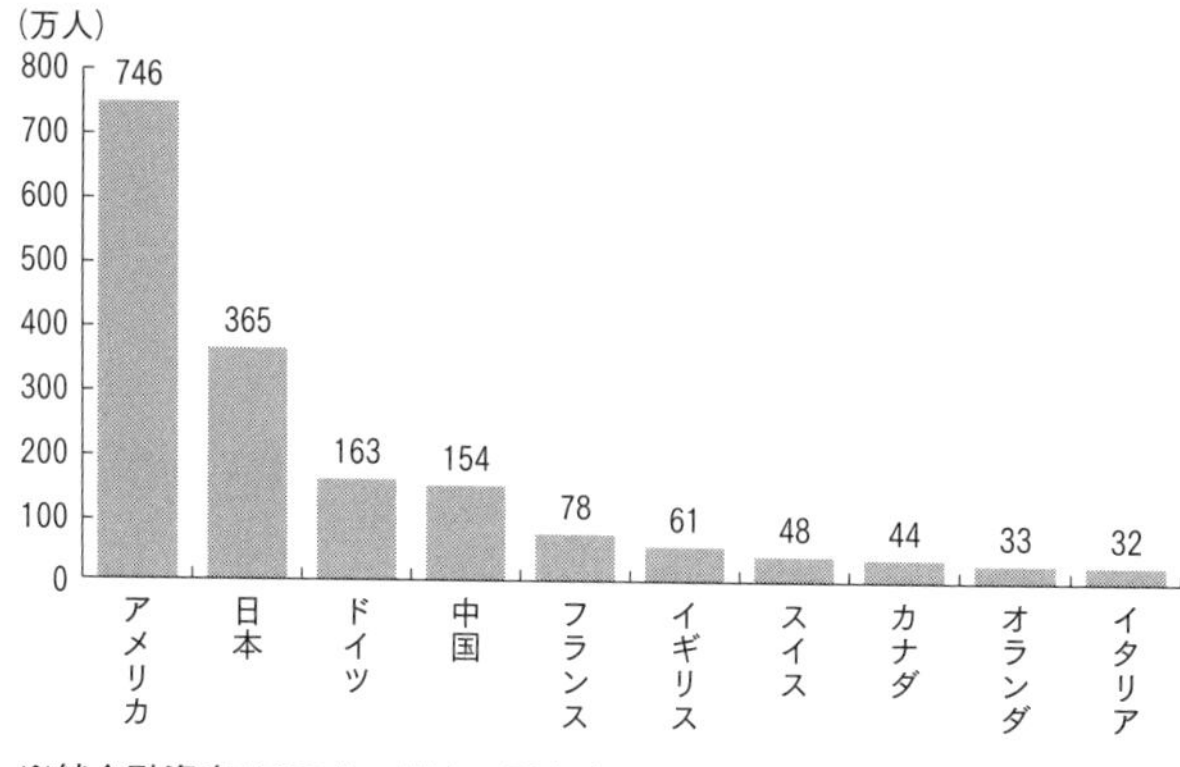

※純金融資産100万ドル以上の所有者

出所:キャップジェミニの資料をもとにオラガ総研作成

では日本は、世界のなかでお金持ちが多い国なのでしょうか。フランスのコンサルティング会社キャップジェミニはHNWI(High Net Worth Individual)と呼ばれる純金融資産で100万ドル以上を所有する人数を発表しています。【図表7】

この調査によれば、日本の富裕者は365万2000人、アメリカに次いで世界第2位の「お金持ちが多い国」になっています。

厚生労働省の発表によれば、2018年の日本の相対的貧困率は15・7%。6人に1人にあたる約2000万人が、年収127万円以下の貧困層を構成しています。

これまで、日本社会は「1億総中流」と

言われてきました。先の戦争によって資産階級の一部が解体され、焼け野原のなか、全員が立ち上がって復興に邁進してきた日本は、戦後80年を迎えようとするなか、貧富の差が生じ始め、新たな階層を形成して社会構造に変化を与えているのです。

　非正規雇用で日々の暮らしに必死な人たちがいるいっぽう、潤沢な資産を持ち、好きな場所で自由な時間を過ごす人たちがいる。これが、今の日本社会の紛うことなき現実なのです。

2つの富裕層

「お金持ち」と言うと、毎月たくさんの給与所得がある人、つまり年収の高い人、と思いがちですが、日本は所得税率が高く、フロー（収入）が高くても、長年にわたって高給取りでもない限り、それほどストック（金融資産）を形成できません。

　また、フローが頼りのビジネスパーソンの世界も、完全に二極化しています。前述の非正規雇用に対して、いわゆるいい学校を出て、内部留保の厚い優良企業に入れば、大きな失敗をしないように注意しながら、そこそこの仕事をしていれば、恙ない人生を送ることができます。

かつてとは異なり、今の大企業の職場はパワハラなし、残業なし、有給休暇フル消化に加えて、国民の祝日数は世界有数です。それでいて、外資系企業と違い、日本企業の社員は労働法に手厚く守られ、簡単には馘（くび）になりません。高度成長期やバブル期よりもはるかに楽になっているのです。それどころか、これからは政府の要請で給与まで上げてもらえるかもしれない。これはもうパラダイスでしょう。

コロナ禍でテレワークが推奨された際、平日のゴルフ場や遊漁船が大盛況になった姿が象徴的です。会社の目が行き届かないことをいいことにサボる「サボリーマン」が増えたこともうなずけてしまいます。

東京商工リサーチは2023年3月期の有価証券報告書で開示されている上場企業の役員報酬を調査していますが、トップのZホールディングス取締役かつLINE代表取締役である愼（しん）ジュンホ氏の48億6700万円を筆頭に、10億円以上の報酬を得ている人は7人います。【図表8】

ちなみに、調査対象の上場企業で報酬総額1億円以上の役員は717人におよびます。これらの人たちは、いずれも名だたる大企業のトップ層です。毎年の報酬はきわめて高額であるいっぽう、相当忙しいことは容易に想像されます。少なくとも、キャ

【図表8】上場企業・役員の報酬ランキング（日本）

順位	氏名	商号	報酬額（100万円）
1	慎ジュンホ	Zホールディングス	4,867
2	吉田憲一郎	ソニーグループ	2,083
3	クリストフ・ウェバー	武田薬品工業	1,723
4	ジョン・マロッタ	PHCホールディングス	1,654
5	河合利樹	東京エロクトロン	1,420
6	ジェームス・カフナー	トヨタ自動車	1,330
7	出澤 剛	Zホールディングス	1,237
8	豊田章男	トヨタ自動車	999
9	アンドリュー・プランプ	武田薬品工業	973
10	舛田 淳	Zホールディングス	954

出所：東京商工リサーチ

リーバッグを引っ提げて日本中を旅行するようなことはしないでしょう。

実は、お金持ちのもう1つの属性が、ストックを保有する「資産持ち」です。日本国内の大富豪はどのような人たちでしょうか。「Ｆｏｒｂｅｓ」では毎年世界の富豪ランキングを公表しており、日本国内についても発表されています。【図表9】

これを見ると、企業の創業者が多いですね。ファーストリテイリングの柳井正会長兼社長のように、第一線で活躍されている方もいますが、功成り名を遂げて現役を退き、馬主などになって人生をエンジョイされている方もいます。

彼らのような資産額５０００億円を超えるような人は別格ですが、お金持ちのなかで多くの資産を抱えている人は時間と場所にゆとりのある方が多いの

【図表9】富豪ランキング(日本)

順位	氏名	商号	報酬額(億円)
1	柳井 正	ファーストリテイリング	49,700
2	滝崎武光	キーエンス	31,700
3	孫 正義	ソフトバンク	29,400
4	佐治信忠	サントリーホールディングス	14,500
5	高原豪久	ユニ・チャーム	10,530
6	故伊藤雅俊の息子・娘		6,600
7	毒島秀行	三共	5,760
8	似鳥昭雄	ニトリ	5,620
9	野田順弘	オービック	5,480
10	三木正浩	イーエム・プランニング	5,400

出所:Forbes

です。

また、一口(ひとくち)に富裕層と言っても、金融資産を多く所有する富裕層と、不動産を多く所有する富裕層があります。前者は金融資産を運用して収益を膨らます、つまりお金に働いてもらってお金を増やす投資行動が必要になりますし、後者は不動産を貸すことや売買を繰り返すことで収益を上げていくことが求められます。

必然的に、両者では資産に対する考え方も変わります。前者は日々動く金融マーケットを見ながら、投資行動を変えるアグレッシブ派であり、後者は保有資産の保持を第1とするコンサバティブ派です。

最近では企業の間で、増え続ける富裕層を商売に取り込もうとする動きが活発になっていますが、このように、富裕層にもさまざまなカテゴリーがあります。その背景を知ることで、富裕層の特性が見えてくるのです。

塀のなかに落ちた富裕層3世

2011年11月、大王製紙の井川意高前会長が、会社法違反（特別背任）の疑いで逮捕されました。

大王製紙は愛媛県宇摩郡三島村（現・四国中央市）出身の井川伊勢吉氏が1943年に創業した製紙会社です。1962年に会社更生法の適用になるなど、経営に苦しんだ時代もありましたが、1978年に家庭紙に参入。「エリエール」は代表的なブランドの1つです。

意高氏は1964年、2代目・高雄氏の長男として京都に生まれました。2年半のアメリカ暮らしのあと、愛媛県で少年時代を過ごしますが、小学校6年生になると上京。筑波大学附属駒場中学校・高校を経て、東京大学に入学します。同大学法学部を卒業後、1988年に大王製紙に入社すると、2007年に42歳の若さで社長に就任しました。その後、会社の業績を急伸させると、2011年には会長職に就きます。

華麗な経歴と共に頭脳明晰な意高氏は、創業家3代目として遜色のない経営成績を挙げたと言えるでしょう。しかし彼には、ある性癖がありました。ギャンブルです。

詳しくは、彼の著書『熔ける』（幻冬舎文庫）に記されているのですが、カジノで法外な金額をかけることに異様な喜びを見出し、大王製紙関係会社7社から計106億8000万円ものお金を引き出し、賭けに負けて溶かしてしまったのです。関係会社に100億円以上のお金が存在したこと自体が驚きですが、これを全部使ってしまう金銭感覚に、世の常識を逸脱したところがあります。

意高氏は4年の実刑判決を受けて収監され、3年2カ月後の2016年12月に出所。現在はテレビ番組のコメンテーターなどとして活躍しています。彼は、服役中も異常な行動を取ります。自らは刑務所にいて、車の運転はできないにもかかわらず、フェラーリなどの高級外車を買いまくり、その数は20台近くにも達したと言います。意味不明な行動とも言えますが、カジノ会社や高級外車ディーラーにとって、彼は超優良顧客でもあったのです。

富裕層の代表とも言える一族の3世がやらかしたこの事件は、極端な事例ではあるものの、金銭感覚も消費行動も一般国民とかけ離れていることを物語っています。

相続貴族

日本では富裕層の人数も資産規模も増えていると前述しましたが、いっぽうで、日本は相続税が世界でもっとも厳しい国の1つです。法定相続分に相応する金額が6億円を超えると、最高税率55％が適用されます。子供や孫に資産を継承していく過程で税金をがっぽり取られてしまうため、俗に、3代で資産を失うと言われてきました。

そうは言っても、資産を運用して膨らませ、さらに少子化で相続する子供の数が減ると、相続税が高くても、個々人への実入り（みい）は大きくなります。資産額以上に、税金を取られることはないからです。

これは、前項で紹介した井川意高氏のような富裕層に限りません。戦後80年近くが経過し、普通の家庭でもかなりの富（とみ）を蓄（たくわ）える人が増えてきました。具体的な事例で説明しましょう。

東京の世田谷区内に住むAさんは48歳、都内の中堅企業に勤めるビジネスパーソンです。同区内の実家で暮らしていた母親が亡（な）くなり、財産を相続することになりました。父親はすでに3年前に他界していますから、2次相続になります。

父親は一部上場企業の役員を務めていたそうで、母親の金融資産は預貯金や有価証券で６１００万円ほどでした。実家は土地60坪の上に建つ、普通の一軒家（床面積36坪）です。相続税評価を行なったところ、土地は路線価で坪単価１１０万円。世田谷の瀟洒（しょうしゃ）な住宅地にあるので、路線価はそれなりに高いです。結果、土地の評価額は６６００万円で、家屋評価は固定資産税評価額ベースで９００万円。合計７５００万円になります。相続財産は、金融資産と不動産を合わせて1億３６００万円となりました。

Aさんは兄弟がいませんので、相続人はAさんだけです。相続にともなう基礎控除額は「３０００万円＋６００万円×法定相続人数」ですから、基礎控除額は３６００万円。つまり基礎控除後の相続評価額はちょうど1億円となりました。税理士に計算してもらったところ、Aさんが負担する相続税額は１２２０万円となりました。

相続税額の金額の大きさに驚いたAさんですが、相続する金融資産額が６１００万円あり、ここから税金を払えば、手元に４８８０万円が残ります。Aさんには子供がおらず、夫婦共働きで金融資産は夫婦合わせて３０００万円ほど。今住んでいるマンションのローンは残額２５００万円でした。相続した実家は、売却すれば1億３０００万円くらいになります。

Aさんの選択は、相続税支払い後の４８８０万円でローンを完済、そのうえで実家を1億３０００万円で売却しました。自分たちの金融資産３０００万円と合わせることで、Aさんは富裕層への仲間入りを果たしました。Aさんは早期退職を検討中とのことで、今後は退職金も含めた金融資産を運用しながら、好きな生活をしていきたいそうです。

このような事例は、世田谷区内にはたくさん転がっています。杉並区、中野区、大田区などにある瀟洒な住宅街も同様です。そして今、これらエリアに住む世帯主の多くに、相続が発生しつつあります。戦後、高度成長期に東京に来て一定の資産を形成した人たちが、人生からの退場を始めているからです。

ということは、日本ではこれからも大量の富裕層が誕生することになります。相続した富裕層2世は金融資産や不動産を運用・活用して膨らませ、それを子供に相続させます。そうした富裕層3世も登場し始めているのです。

ここに、平日の都心部のカフェでまったりしたり、新幹線や飛行機で飛び回ったりしている、あまり働いている様子のない人たちの実像があるのです。

〝地方豪族〟がこぞって買う地方タワマン

タワマンと言うと、東京や大阪など大都市のイメージが強いですが、最近では地方都市でも多くのタワマンが供給されています。不動産経済研究所の調査によれば、首都圏および近畿圏以外で供給されるタワマンの戸数は、２０２２年で15棟・２６９５戸、日本全体の32・７％を占めています。

地方でのタワマン供給は今に始まった話ではなく、２０１３年から２０２２年の10年間で１２６棟・２万４５０７戸が売り出されています。今後の計画でも、２０２３年以降、判明しているだけで69棟・１万２９５６戸におよびます。

地方におけるタワマン（地方タワマン）の供給割合は年々高まっており、今や地方都市の主要な駅前などを中心に、珍しい存在ではなくなってきています。その背景には、全国的に地価と建設費が上昇を続けるなか、デベロッパーの多くが、地方でのタワマン開発に精力を注いでいることがあります。

では、増え続ける地方タワマンの買い手は誰なのでしょうか。

販売業者によれば、地方タワマンの購入層は主に３つの客層があるそうです。第１は、地元の高齢者層です。高齢化が進む地方都市では、郊外の住宅地から都市中心部に人口が回帰する現象が起こっています。これは「コンパクト化現象」と呼ばれるもので、現役の時に郊外に戸建ての家を買い求めた層が、高齢になって車の運転が不自由になり、交通利便性の高い中心部で、管理の楽なマンションに積極的に居を移しているのです。

地方タワマンは、その地域で販売されている他のマンションよりも分譲価格が高い傾向にあるため、高齢者層は割安な低層部を購入するケースが多いようです。彼らにとっては見慣れた景観を楽しむと言うより、都市中心部に住む利便性を重視しているのです。

第2は、首都圏や近畿圏に住む人たちです。最近、2拠点居住および多拠点居住を実践する人たちが増えています。ただ、戸建て住宅は家の管理が大変なので、地方タワマンを買い、週末居住やリモートワークに活用しているのです。

大都市圏のマンションに比べれば価格は割安なため、数年後に売却して利益を得ようと考える目論見(もくろみ)もあります。彼らはある程度見晴らしが良ければ、マンションを起点としてエリア全体を楽しみたいので、手頃(てごろ)な価格の中層部を買い求める傾向があります。

また中層部には、地元で生まれ育ち、主に第３次産業の職を得た人が東京や大阪に転出することなく、親とは同居せずに利便性の高いマンションを選んで居住しているケースもあります。

第３は、上層部を購入する地元の有力者です。地方タワマンの物件案内を見ると、上層部は部屋が広めに作られているケースが多いです。最上階フロアは2、３戸しかなく、面積も１００㎡（30坪）を超える仕様になっていることもあります。価格は高層部になるほど高くなり、戸あたりで1億円を超えることも珍しくありません。

ある地方都市に出張した時のこと、講演が終わって地元の有力者の方々との懇親会に出席しました。この街では最近、大手デベロッパーが手がける地上35階建てのタワマンの分譲が話題になっていました。販売は順調との話でしたが、彼らの会話はもっぱら、「最上階の住戸を誰が買うのか」でした。

「あの部屋は、○○会社のB社長が買うだろう」

「いやいや、俺は△△会社のC会長が狙(ねら)っていると聞いたぞ」

名が挙がるのはいずれも地元出身で、その地方を代表する会社のオーナーたちです。昔から商売を取り仕切り、政治にも口を出す。地域の政治・経済の中枢を占め、よそから来て商売をするには、彼らの承諾がなければ販路を開くことができないような存在です。私は、彼らを「地方豪族」と呼んでいます。

彼らが買う目的は、ずばり「天下を取る」ことです。その地域で自分が一番稼いでいる、あるいは地域のナンバーワンや名士であることの象徴として、タワマン最上階を買い求めるのです。

彼らのなかには順位があり、順位をめぐる思惑や争いが常にあります。「お山の大将」を自任する彼らにとって、タワマンは格好のおもちゃです。街の中心部にそびえるタワマンは言わば城のような存在であり、その天守閣から殿様が街を睥睨する様は、昔も今も変わらないのかもしれません。

とはいえ、彼らの多くは、地元に豪壮な邸宅を構えていますから、タワマンに住むという意識は希薄です。お客様をもてなす迎賓館、地元の仲間たちを呼んでのパーティー、会社の福利厚生施設としての利用などが中心です。

現在、デベロッパーが企てているのは、人口が20万～30万人程度の地方主要都市でのタワマン供給です。タワマンはおおむね人口10万人あたりで1、2棟の需要があると言われます。該当する主要都市に、最初に建設の槌音を響かせれば、確実に需要が見込めると考えているのです。

超高額マンションを使った節税

富裕層が超高額マンションを買う理由に、資産防衛の観点があります。よく、富裕層の多くは「ケチだ」と言われます。逆説的に言えば、ケチだからお金が貯（た）まるという理屈でもあります。そうしたケチな富裕層がもっとも嫌うのが、資産価値が落ちていくことです。ここに、資産防衛という考え方が生まれるのです。

現金をたくさん持っていることはお金持ちの象徴です。ただ現金という資産は、持っているだけではそれ以上の資産を生み出してはくれません。１９８０年代〜１９９０年代はじめ、銀行などに預けておけば、年間で数％の利息が付きました。しかし、バブル崩壊以降、日本の預金金利は下がり続け、今では銀行に預けても、雀（すずめ）の涙ほどの利息しか付きません。

そこで、富裕層は積極的に株式、債券、保険などの金融商品を買って資産を増やす、あるいは目減りしないように対策を打つのです。また、不動産を買って運用するなどして、資産の保全を図（はか）ります。

そうして膨らませた資産を次世代に移すイベントが相続です。実は、不動産は相続の際、きわめて有効な資産防衛手段です。

相続にあたっては、所有している不動産は、土地部分については路線価評価、建物については固定資産税評価によって、課税評価総額が決まります。現金で持っていれば額面通りの査定になりますが、不動産の評価は時価（実勢価格）よりも安く評価されます。これが、不動産が相続対策として有効であると言われる所以です。なかでも、超高額マンションの代表的な存在でもあるタワマンの節税効果がとりわけ高いと言われています。

実例を見てみましょう。Dさんは多額の資産があり、このままでは相続の際、一人娘のEさんに重い相続税が課せられることを知らされ、タワマンの上層階を購入しました。45階建ての40階、90㎡（約27坪）の住戸です。Dさんが住む予定はありませんから、目的は資産防衛です。

この住戸の登記簿を見ると、土地の持分は4坪、建物は共用部分の持分を含めて36坪です。タワマンの価格は1億3500万円、その内訳は売買契約書によると土地1億円、建物3500万円です。専有面積換算で坪単価500万円です。

５年後、Ｄさんは亡くなり、Ｅさんが相続することになりました。さて、この住戸はいくらで評価されたでしょうか。

このマンションの建つ土地の路線価は坪単価４００万円。対して、購入価格に占める土地代は、坪あたりに換算すると２５００万円（1億円÷４坪）になります。つまり相続額は、坪あたり２１００万円分が圧縮されています。建物については固定資産税評価額ベースでの評価となり、築年数によって減価していきますが、相続時評価額は約７割、約２４５０万円となります。この住戸は４０５０万円で評価されたわけです。実に、９４５０万円の圧縮です。

さらに、Ｄさんはマンション購入時、銀行に勧められて自己資金を２０００万円だけにして、残り1億１５００万円をローンにしていました。相続財産を算出する際は、借入金額分を評価額から控除できます。土地建物は４０５０万円の評価でした。ここからローン残高を差し引けば、実質評価額はマイナスになります。Ｄさんは他に預貯金や有価証券も保有していましたが、結果的に娘のＥさんは相続税の支払いを大幅に減らすことができました。

このようにマンション、とりわけタワマンの節税効果が高いのは、土地の容積率が高く、戸あたりの土地の持分が少ないため、路線価評価額との乖離が大きくなりやすいからです。また、高層部ほど販売価格が高いため、同じ住戸面積でも高層部ほど土地代の割合が高く設定でき、圧縮効果が高まります。タワマンにおいて高層部に人気が集中するのは眺望の良さはともかく、節税効果が高いことも理由の1つなのです。

しかしこの対策方法については、税負担の公平性を著しく欠くとの理由で、国税庁は2024年1月以降の相続については夕ワマンに限らず、マンションの相続評価額で実勢価格との乖離が大きいものについては一定基準のもと、実勢価格の6割程度とすることを決めました。

それでも、相続の際に資産を現金だけで持っているケースに比べて、不動産は評価額を低めに設定していることに変わりはありません。このような「特権」を利用できる超高額マンションは、相続を間近に控えた高齢富裕層にとって、魅力的な資産なのです。実際、タワマン購入者において、高齢富裕層は一定の割合を常に示していると言われます。

相続の際に資産圧縮を行なって、子供や孫に資産を承継する。また超高額マンションなら資産価値も落ちにくい、インフレになればさらに価値が上がるかもしれない。

こんな思惑も相俟って、需要が落ちず、マンション価格は高騰し続けているのです。

パワーカップルのバイイングパワー

メディアでは、「高騰を続けるマンションを積極的に購入しているのはパワーカップル」などと報道されています。この「パワーカップル」とは、具体的にどのような人たちなのでしょうか。

パワーカップルという家族形態に、正確な定義はありません。おおむね、夫婦共働きで世帯年収の多い夫婦を指すようです。三菱総合研究所では「世帯年収１０００万円以上の夫婦」、ニッセイ基礎研究所では「夫婦それぞれで年収７００万円以上、世帯年収で１４００万円以上」としています。

どちらが実態に即しているかは別として、高値になった新築マンションを購入できるのは、ニッセイ基礎研究所が定義する「世帯年収１４００万円以上」になるでしょう。また、マンションの購入層は30代後半から40代ですから、その年代で年収７００万円を超えるのは、２０２２年度の上場企業社員の平均年収６３８万円（帝国データバンク調査）を鑑みると、多くは上場企業に勤める社員ということになります。

パワーカップルは世の中にどれくらい存在するのでしょうか。ニッセイ基礎研究所の調査によれば、２０２２年で37万世帯、全世帯の約０・66％という希少種です。共働き世帯は全国で１６４６万世帯ですから、共働き世帯に絞っても２・25％です。割合こそ小さいですが、２０１８年時点でのパワーカップルは26万世帯ですから、わずか４年間で40％以上も増加しています。

家族構成はどうでしょうか。以前は、夫婦共働きで子供がいない世帯をＤＩＮＫｓ（ディンクス）(Double Income No Kids) と表現しました。夫婦で多額の年収を稼ぐので、パワーカップルの主体はＤＩＮＫｓかと思いきや、その比率は39・４％。パワーカップルの57・６％は夫婦と子供、つまりＤＥＷＫｓ（デュークス）(Double Employed With Kids) です。普通に夫婦で働いて子供も持つ。今はそんな、しなやかな時代になっているのです。

では、パワーカップルはどの程度の「パワー」を持っているのでしょうか。

マンション購入を前提に、シミュレーションしてみます。マンションを購入する際、多くは住宅ローンを活用します。ここでは期間35年を想定して、世帯収入１５０万円のパワーカップルがどこまでローンを借りることができるかを考えます。

住宅ローンは長らく低金利が続いていますが、２０２３年10月時点で短期プライム

【図表10】住宅ローンの借入可能額

世帯年収	ローン条件	金利			
		1.0%	2.0%	3.0%	4.0%
1500万円	借入可能額	110,700	94,330	81,200	70,570
	毎月返済額	312,480			
2000万円	借入可能額	147,600	125,780	108,260	94,100
	毎月返済額	416,662			

※元利均等返済、ボーナス払いなし
単位:借入可能額(1000円)、毎月返済額(円)

出所:オラガ総研

レートに連動する変動金利は約2・5%、超長期の固定金利は2・9%程度です。仮に金利2%とし、年間のローン返済額を年収の25%と、返済適正比率(20~25%)の上限値に設定します。

すると、【図表10】で示すように、9433万円の借り入れが可能になります。金融機関によってはさまざまな特典への加入によって金利水準をさらに低く、0%台前半に設定しているところもありますので、借入可能額は1億2400万円程度にまで膨らみます。

パワーカップルであれば、ある程度の貯蓄があるはずで、頭金として1000万~2000万円は用意することができるでしょう。また、夫婦共に上場企業勤務の場合、親たちも裕福なケースが多いと想定されますから、双方の親の援助を見込めば、億ションに十分手が届きます。世帯年収2000万円を超える場合は、頭金や親からの援助を加えることで「2億ション」をゲットできる可能性も十分にあります。

昭和の時代、住宅は年収の5倍が適当、7倍が限界と言われました。それが、低金利と夫婦が共に働くことで、また給与の上昇もダブルに期待できることで、多少高額でも十分に購入を検討できる時代になったわけです。

億ションに手が届くということは、現在の相場からも坪単価500万～600万円台の湾岸にあるタワーマンションを買うことは可能ですし、実際、そうした層が高額になったマンション販売現場に果敢に参入してきています。

パワーカップルのバイイングパワー、恐るべし、ただし、リスクがないわけではありません。

パワーカップルが陥る落とし穴

超長期のローンを前提にしたマンション購入には、落とし穴があります。

1つ目が、金利の変動です。変動金利は当然ながら、将来にわたって金利が約束されているわけではありません。多くの金融機関で、金利が上昇した場合も「キャップ」と呼ばれる上限金利を設定していますが、固定期間にも上限(10年程度)があります。

【図表11】住宅ローンの返済額シミュレーション

世帯年収	ローン条件	金利			
		1.0%	2.0%	3.0%	4.0%
1500万円	借入金額	94,330			
	毎月返済額	266,280	312,480	363,029	417,669
	返済比率	21.3%	25.0%	29.0%	33.4%

※元利均等返済、ボーナス払いなし
単位:借入金額(1000円)、毎月返済額(円)

出所:オラガ総研

【図表11】は、世帯年収1500万円の夫婦が金利2%で9433万円(年間返済額は年収の25%)を借り入れた場合の金利変動による返済額をシミュレーションしたものです。金利が上昇し、3%になると返済額は年間で60万6588円アップ、4%になると126万2268円、年収に対する返済比率は33・4%にも達します。これだと、かなり厳しいですね。

2つ目の落とし穴が、会社勤めにかかわるリスクです。上場企業の多くが終身雇用とはいえ、以前のような年功序列の給与体系は少なくなり、リストラなどによる降格や年収ダウンは珍しくありません。また、上場企業であっても業績が悪化し、倒産する事例も多くあります。2気筒エンジン(夫と妻)のどちらかが機能低下、あるいは機能停止するリスクを抱えているのです。

3つ目の落とし穴が、離婚リスクです。マンションを購入する時にローンを組む際、パワーカップルの多くは、夫婦ペアローンを選択します。ローンを組むには、①借入名義は1人にして夫婦のどちらかが連帯保証人となる、②夫婦が別々にローンを調達して互いに連帯保証する、の2通りがありますが、所得税控除などの特典がダブルに使える②のペアローンを選択するケースがほとんどです。

　ということは、離婚した場合、片方がマンションに住み続けても、出て行ったほうも返済を継続しなければなりません。もちろん、片方がもういっぽうの債務を引き継ぐことはできますが、借入時点で目一杯に借りていると、1人での返済は厳しくなります。人間同士は別れることができても、マンションを分け合うことはできません。結局はマンションを売却して返済する形が多くなります。

　マーケットを賑わすパワーカップルですが、無理をすると、そのぶん被るリスクも大きくなります。とはいえ、マンションを手に入れたばかりの幸せな夫婦は、「これからも会社は安泰、夫婦そろって昇進・昇給、末永く仲睦まじい夫婦」であることを疑っていないでしょうが……。

バブル時代から変わったこと、変わっていないこと

平成初期のバブル経済時代、不動産は毎日値上がりすると言われました。「地価暴騰」「山手線内側の土地でアメリカ全土を買うことができる」などといった話題で、メディアは連日盛り上がりました。

バブルを演出したのは、大規模な金融緩和にともなう大量の資金がマーケットに供給されるという恩恵を受けた金融機関です。金融機関は法人・個人に株式、債券、不動産の投資資金を貸し出し、その金を手にしたバブル紳士が買いまくることでマーケットは過熱、不動産は転売を繰り返すことで価格は上昇、バブル相場を作り出しました。

では、現在はどうでしょうか。反省は活かされているのでしょうか。

バブル当時、東京中央区銀座、山野楽器前の公示地価は坪単価1億円、「地価狂乱の象徴」と言われました。ひるがえって現在、同地は2023年3月発表の公示地価で、坪単価1億7785万円です。この4半世紀、日本経済は長期にわたって低迷を続けていますが、地価はしっかり値上がりしています。

2013年から続く大規模な金融緩和は、すでに10年間も継続しています。さらに

【図表12】不動産業者への融資額（貸出残高）推移

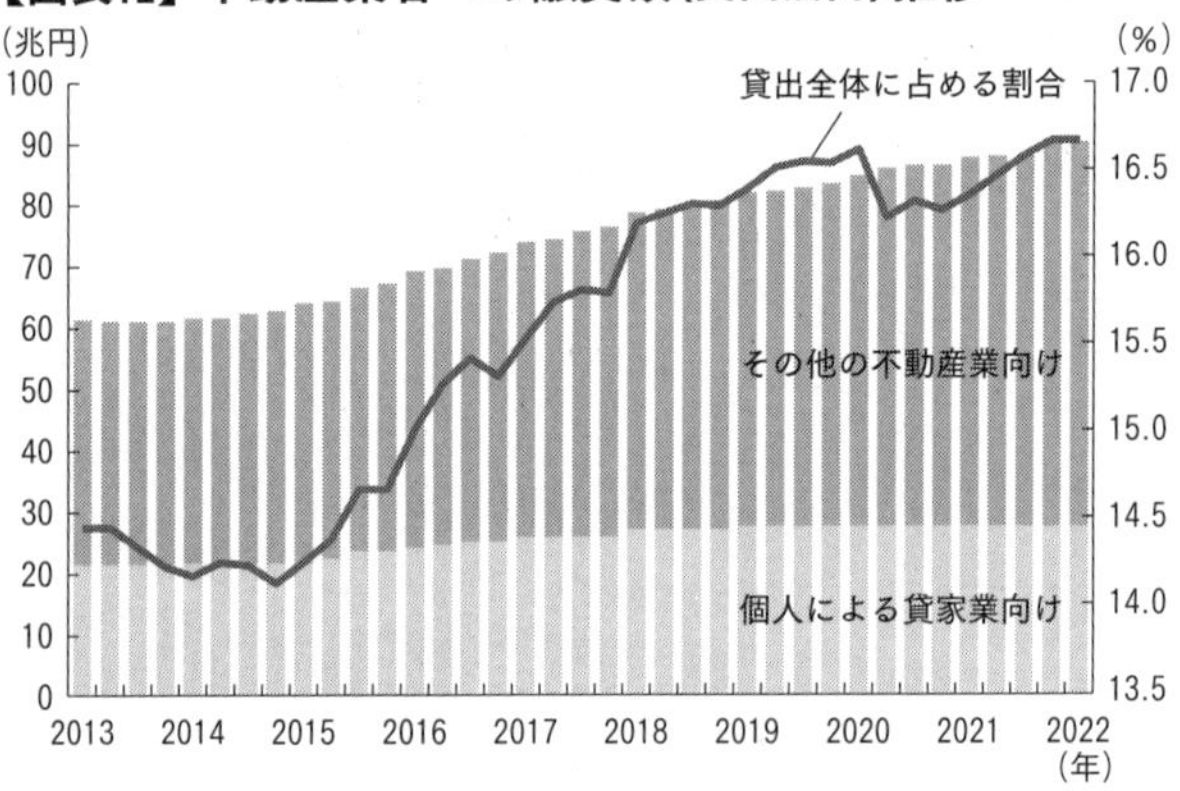

出所：ニッセイ基礎研究所

コロナ禍において、多額の融資資金、補助金、各種支援金がマーケットにばらまかれました。マーケットは完全な「金余り」状態です。

【図表12】は、国内金融機関による不動産業向け融資額の推移です。これによると、2023年3月末で98兆2000億円になっています。これは前年同月比6・3％増、5兆8000億円の増額です。2013年では60兆円台でしたから、安倍晋三（あべしんぞう）元首相によるアベノミクス以来、30兆円以上増額になっているわけです。

平成バブル期との大きな違いは、供給先です。バブル期は、資金の多くが不動産投資用資金として一般の事業法人や個人に供給されました。対して現在は、多くの法人で不動産投資を行なうことが稀になったため、不動産業者に対して供給されています。

では、多額の資金供給を受けた不動産業者は、このお金をどこに使っているのでしょうか。当然、不動産への投資資金にしています。ただし、マンションやオフィスビルなどの建設の事業資金に投じられているのかと言えば、それだけではありません。実際には、都心部の土地が手に入りづらくなったので本来の事業に使うことができず、土地転がしやマンション転がしに充当されているのが実態なのです。

横行する業者買い

先日、メディアの取材で、湾岸部の新築タワーマンションの登記簿を閲覧したのですが、驚愕しました。高層部東南部分の角部屋がほとんど1列、同じ不動産業者に登記されていたからです。

人気物件だったので、価格が上昇しそうな角部屋1列を一括で買い入れたのでしょう。購入業者は、名も知れない日本の不動産業者です。登記簿の乙区事項欄を見ると、この業者に融資しているのは、香港の投資会社でした。つまり、外国資本が日本で設立したペーパーカンパニーを通じて日本の高額マンション、しかも値上がりしそうな部分を買い占めたわけです。

このようなことは、デベロッパーにすれば「歓迎」です。なぜなら、タワマンは数百戸から1000戸を超える住戸を効率よく捌く必要があり、1社でまとめて買ってもらえれば手間がかからないからです。それによって、「第1期即日完売!」などと銘打ち、販売促進につなげることもできます。

別な事例も見てみましょう。東京五輪の選手村の跡地で分譲されている大規模マンション「晴海フラッグ」が、よく売れています。好調の要因は、賃貸を含めて4000戸以上になる一大タウンで都心に近く、オリンピックレガシーがあるから、などと言われていますが、最大の理由は、分譲価格が周辺相場に比べて2~3割ほど安いことです。

競争率は一部住戸で200倍になったなどと喧伝されましたが、これには裏があります。2013年6月に行なわれた高層棟の分譲から、申し込み名義1者あたりの申込可能な住戸を、2戸までに制限をかけました。実は、それまでの分譲では不動産業者が5戸、10戸などとまとめて申し込む事例が後を絶ちませんでした。周辺相場に比べて大幅に安い住戸をまとめて仕入れて転売することを目的にした業者買いです。これが目に余るようになったため、制限をかけたのです。

「晴海フラッグ」の建設地は、元は東京都の土地です。通常、自治体やＵＲ（都市再生機構）などが所有する土地に、マンションなどの住宅が分譲される場合、一定期間の転売禁止や、申し込みにあたって１者１住戸のみ、などの規制を設けることが多いのですが、なぜか本件については野放し状態でした。

分譲戸数がきわめて多く、当初は多くのデベロッパーが引き受けに尻込みしたとも言われる「晴海フラッグ」。裁判沙汰にまでなった東京都からの廉価な土地譲渡と、規制のないフリーな分譲許可など、さまざまな背景があったのです。

不動産価格が一方的に上昇する時には、その波に乗ろうと、多くの業者や投資家が群がります。その後押し（あとお）をするのが、金余りの金融機関です。金融機関にとって、不動産融資は一度に多額の融資ができる、言わば打ち出の小槌（こづち）です。実は、マンションの高騰を支える大きな要因の１つが、このような業者による転売目的の購入です。

こうした土地転がし、マンション転がしの宴（うたげ）はいつまでも続くものではないことは、バブル崩壊時に証明されているのですが、あの時代のことを記憶する人が60歳を超えるなか、宴は延々と続いています。

外資系の買い漁り

都市未来総合研究所の調査によれば、2022年に国内主要法人が取引した不動産売買額は4兆4796億円に上ります。件数は700件ですから、1件あたりの取引額は64億円、いかに大型の不動産売買が多かったかがわかります。年間で4兆円以上の取引額があると、不動産マーケットは活況と言われますが、コロナ禍による一時的な低迷（2020年）を除き、ここ数年は4兆円台をキープしています。【図表13】

マーケットで存在感を増しているのが、外資系法人による日本不動産の買収です。2022年における外国法人の「買い」は1兆1913億円、これまで買い手の主人公だったJ-REIT（不動産投資信託）を上回り、トップに躍り出ました。

取引内容は、「バルク買い」と呼ばれる一括取得が目立ちます。【図表14】は、2022年の外資系法人による大型不動産取引の事例ですが、ホテルや賃貸マンションなど、1棟ではなく10数棟以上まとめて取得する事例が散見されます。

香港系の不動産投資会社ガウ・キャピタル・パートナーズは、日本において総額5

【図表13】不動産取引額の推移

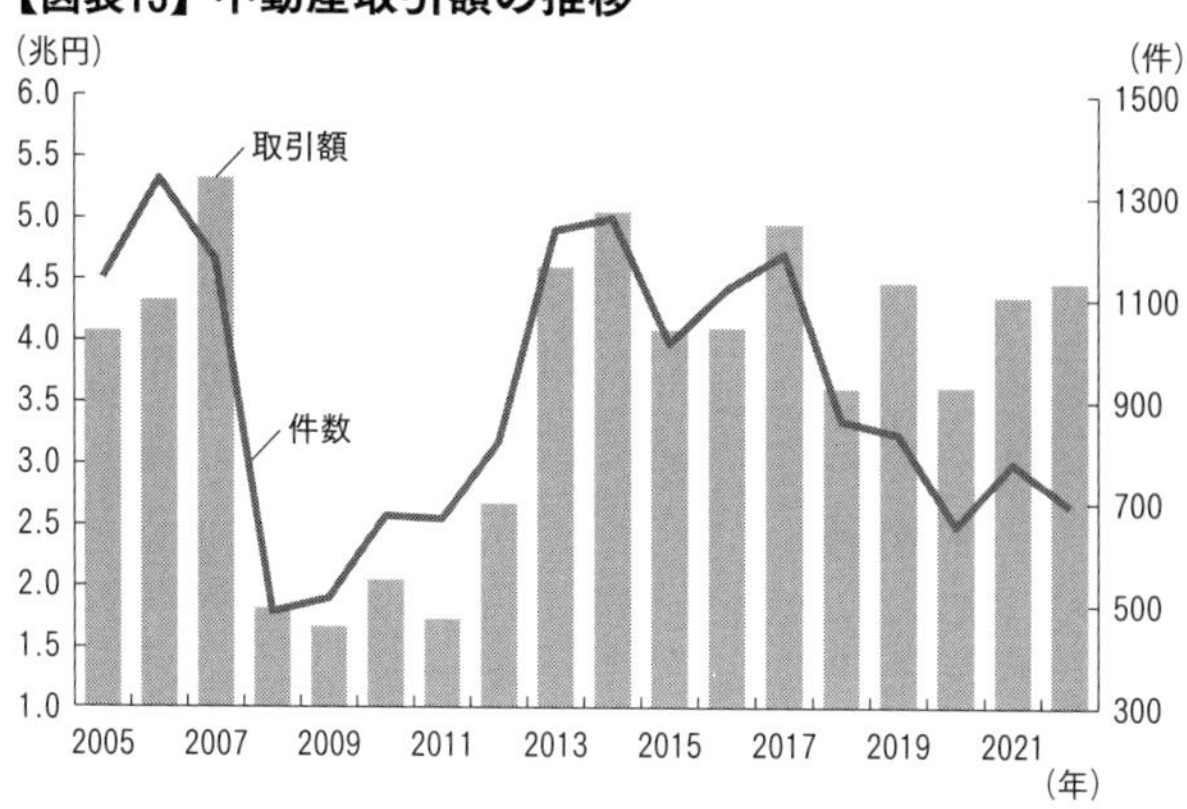

出所：都市未来総合研究所

０００億円の不動産取得を表明していましたが、実際に、東京都港区の東京メトロ・青山一丁目駅直結のオフィスビル「青山ビルヂング」を８４０億円、千葉県印西市の大型物流施設「千葉ニュータウンロジスティクスセンター」を８００億円で購入しています。さらに、Ｊ－ＲＥＩＴである「インベスコ・オフィス・ジェイリート投資法人」を丸ごと３２９４億円で買収し、世間を驚かせました。

　シンガポールの政府系ファンドＧＩＣは、東京都港区芝公園にあるホテル「ザ・プリンスパークタワー東京」を含む31棟の不動産を一括で購入、購入額は１５００億円と言われています。同じくシンガポール系不動産投資会社キャピタランドは、東京都江東区にある商業施設「オリナス・モール・コア」を４２０億円で買収しました。

イギリス系の不動産投資ファンドＭ＆Ｇインベストメンツは、神奈川県横浜市のオフィスビル「みなとみらいセンタービル」を８００億円、東京都中央区の「グレースレジデンス東京」を含む30棟のレジデンスをまとめて４９２億円で購入しました。

物件	金額(億円)
ウンロジスティクスセンター	800
グ	840
オフィス・ジェイリート投資法人	3, 294
橋ほか32件	600
タワー	460
センタービル	800
デンス東京ほか30件	492
跡地	650
パークタワー東京ほか31件	1,500
1482戸	580
棟539戸	
ール・コア	420
タワー、横浜ブルーアベニュー	437
ビル	400
	664

出所：公開情報をもとにオラガ総研作成

アメリカ系の金融機関モルガン・スタンレーは、東京都江東区お台場のオフィスビル「有明センタービル」を４００億円、神奈川県横浜市の「横浜野村ビル」を２期に分けて計６６４億円で購入しています。

欧米では、コロナ禍における金融緩和の影響でインフレが生じ、すでに金利が上昇しています。たとえば、アメリカの30年の固定型住宅ローン金利は７％を超

【図表14】外資系法人による不動産取得

企業名	国・地域名	
ガウ・キャピタル・パートナーズ	香港	千葉ニュータ
		青山ビルヂン
		インベスコ・
		グラマシー京
ベントール・グリーンオーク	カナダ	広小路クロス
M&Gインベストメンツ	イギリス	みなとみらい
		グレースレジ
CBREインベストメンツ	アメリカ	森永東京工場
GIC	シンガポール	ザ・プリンス
アクサ・インベストメント・マネージャーズ	フランス	賃貸住宅29棟
		学生用住宅4
キャピタランド	シンガポール	オリナス・モ
		新宿プロント
モルガン・スタンレー	アメリカ	有明センター
		横浜野村ビル

えています（2024年1月時点）。しかし、日本だけが未だに低金利政策から抜け出すことができていません。

日本と欧米諸国との金利差は開くいっぽうで、金利差にともなう為替安は外国人投資家の目を日本の不動産に向かわせます。日本に来て、安い円を低金利で調達し、日本の不動産に投資する、という構図です。

バブル崩壊後、外資系投資ファンドは、価格が下がって身動きができなくなった不動産関連の不良債権を買い漁って高値で売り逃げたり、屑同然になった不動産をリノベーションやコンバージョンによって再生させて高値で売り抜けたりしました。
日本の不動産マーケットはもはや、個人客だけでなく、外資系法人による宴の場になっているのです。

アジア人から見た、日本の不動産

多くの日本人が気づいていないようですが、日本の不動産マーケットは世界に開かれた自由なマーケットです。日本の不動産所有権は私権が強く、また外国人が所有することに一部（土地規制法に抵触するもの）を除き、ほとんど規制がありません。

いっぽう、アジア諸国では、日本のように簡単に外国人が不動産を所有できません。中国では土地は国家のものですし、シンガポールでは外国人による土地の購入・所有は禁止されています。他の多くの東南アジア諸国でも、土地の所有権割合は50%未満に抑え込まれ、残りは現地の法人や個人が所有するようになっています。

前項のように、外資系法人による日本の不動産取得が目立つのはそのためです。さらに、日本の不動産価格が相対的に安いことも、彼らには魅力的に映ります。

日本不動産研究所「第20回国際不動産価格賃料指数（2023年4月時点）」によれ

【図表15】アジア主要都市のマンション価格と賃料

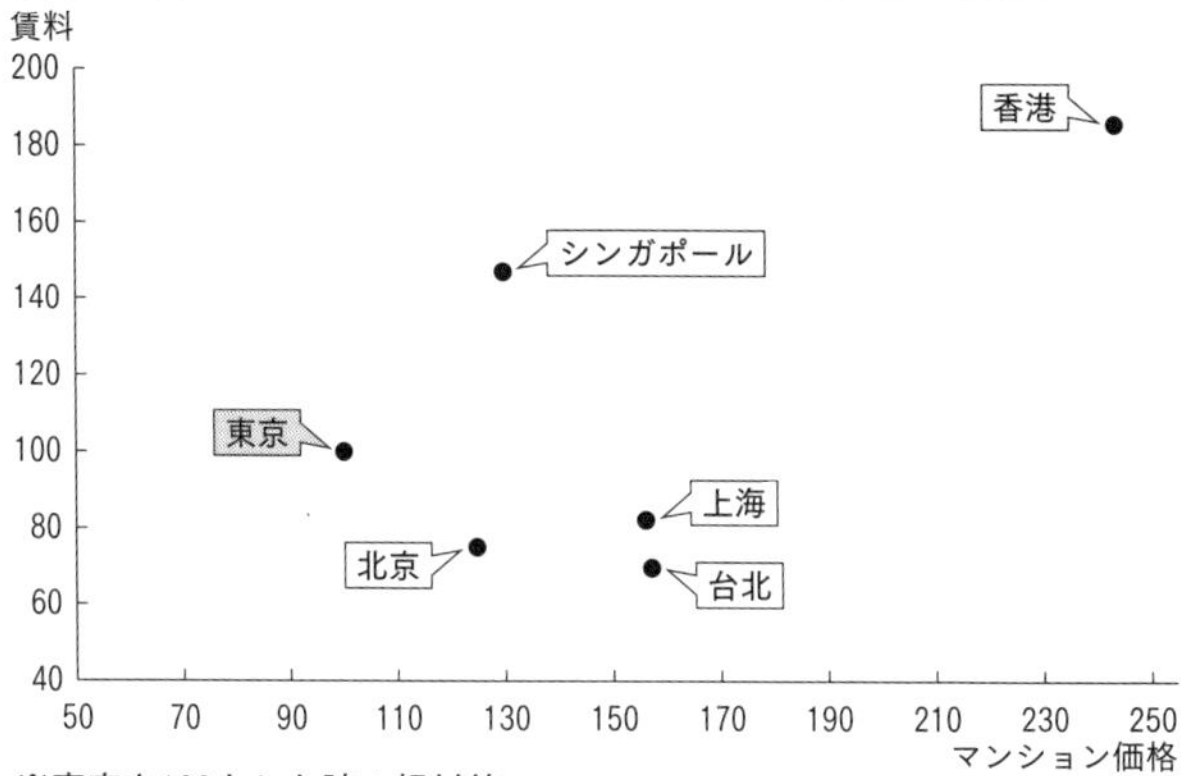

※東京を100とした時の相対値

出所：日本不動産研究所

ば、ハイエンドクラスのマンションの価格水準比較で、東京（港区赤坂）の指数100に対して、北京（ペキン）124・2、シンガポール129・8、上海（シャンハイ）155・8、台北（たいほく）156・9、香港242・7と、東京の割安さが目立ちます。

　いっぽうで、同グレードの賃料水準比較では、東京100に対して、シンガポール147・8、香港185・5を除けば、台北70・2、北京75・4、上海82・7など、東京は高い賃料を享受しています。つまり割安に買えて、高い賃料で貸せる、利回りが高い、ということになります。【図表15】

　しかも、中国や台湾では、今後の政治リスク・戦争リスクなどを考慮して、資産を

【図表16】訪日外国人のリピート数

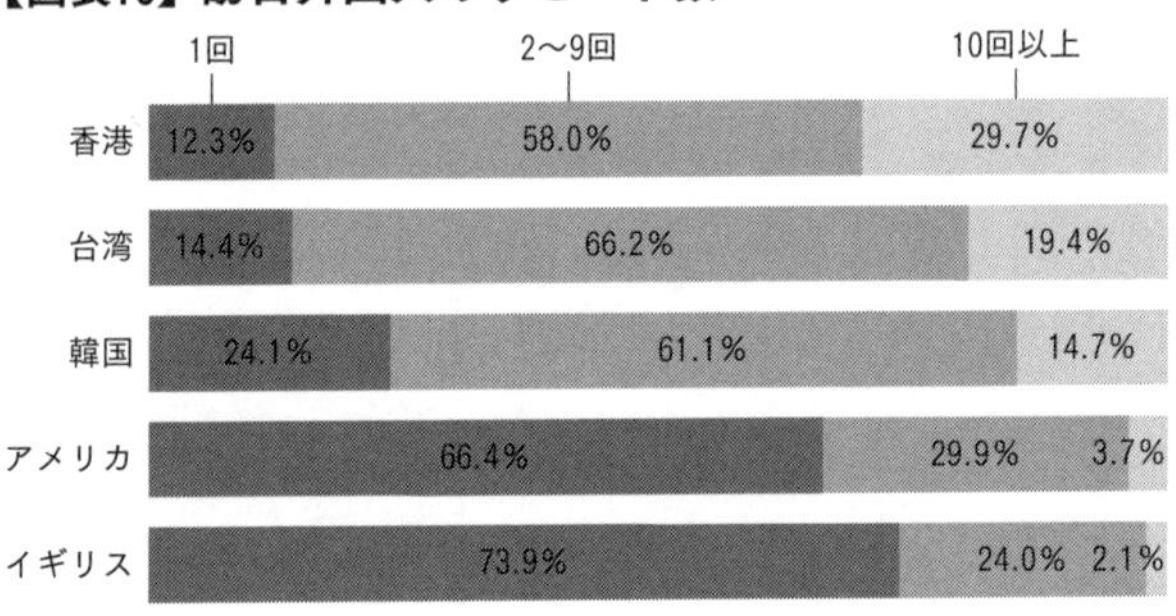

※2019年時点

出所：観光庁

海外に分散しようと考える投資家は多く、自国から近くて政治的にも安定している日本の不動産は魅力的です。

彼らの投資スタイルは必ずしも短期の転売を狙うものではなく、自らの不動産投資ポートフォリオに日本の不動産を組み込むというもので、物件もマンションに限らず、オフィス、物流施設、ホテル、旅館など多岐にわたります。

彼らは欧米の不動産にも投資を行なっていますが、日本を好むもう１つの理由が、日本が地理的に自国から近いことです。来日観光客の多くは中国、韓国、台湾、香港など東アジアの人たちです。観光庁の調べによれば、東アジア人の日本旅行は今や複数回が当たり前になっています。【図表16】

２０１０年代前半は、中国人を中心とした東京、京都、大阪の2泊3日の観光は、「弾丸ツアー」「爆買いツアー」などと揶揄されましたが、今では日本通が増え、東京、大阪などの主要都市だけでなく、地方都市や景勝地、温泉地などを訪れるようになっています。そんな彼らが口を揃えるのが、「日本への旅行は国内旅行」です。

すなわち――何度も行くから、そのたびにホテルを取るのももったいないし、ゆっくりできるマンションを買っておこう。東京や大阪に買っておけば、子供が留学する際の住居になるし、日本在住の自国人に貸せば運用もできる。日本は不動産価格が上昇しているから、都市部のマンションなら売却益を狙えるかもしれない。しかも意外と安い！　特にマンションなら管理しやすい――。これが、彼らを日本のマンション買いに走らせる要因なのです。

バブル期に販売された戸建ての今

私は以前、三井不動産というデベロッパーに勤めていました。大学卒業後に入った銀行はわずか3年で退職。ボストンコンサルティンググループでの修行を経て（私にとっては「人生の修行」と言えるものでした）、三井不動産の門を叩きました。

平成バブルの絶頂期、社員の多くは「家は持つもの。早く買うもの」という無言のプレッシャーのもと、また「賃貸アパート→社宅→分譲マンション→郊外一戸建て」という「住宅すごろく」が信奉されていたため、若い社員たちはマンションを買い、先輩たちはマンションを売却して、郊外にある戸建て住宅を買い求めていました。

当時、多くの社員が買った戸建て住宅が、三井不動産と相鉄不動産（相模鉄道関係会社）が相鉄線沿線に開発・分譲した、緑園都市（りょくえんとし）と山手台（やまてだい）（共に神奈川県横浜市泉（いずみ）区）です。当時の分譲価格は、敷地面積180〜200㎡・建物面積110〜130㎡で、緑園都市が1億3000万円程度、山手台が8000万〜1億円程度でした。

けっして安くはありませんが、当時は「地価は毎月上がる」と言われており、実際、所有マンションの値段も上がっていたため、マンションの売却益を梃（てこ）に、戸建て住宅を、住宅すごろくの「あがり」として購入していました。

丘陵地を切り崩して造成したこのエリアは、新興住宅地として当時から注目されていました。そこに、実際に開発した会社の社員がこぞって住むということは、このエリアの成長可能性が大いにあると考えられていたからです。

ところが今、購入した先輩方にお目にかかると、ほとんどの人が都心のマンション住まいです。「緑園都市（山手台）の住宅はどうされたのですか」と聞くと、多くの人が「売った」と答えます。売却時期はおおむね2000年代です。確かに、私の年賀状リストからも、この2つの地名が姿を消しています。

彼らは日頃、不動産事業に携わっており、どのエリアがお買い得か、成長可能性があるか、常にウォッチできる立場にあります。彼らが売却した同エリアの戸建て住宅は現在、中古価格で5000万円前後です。横浜市のニュータウンのなかでは、価格を保っているほうですし、相鉄線の東京乗り入れによって、最近では価格がやや持ち直しているものの、下落しています。

価格変動に敏感で、他人より一足早く行動を起こした彼らから見えてくること、それは都心回帰です。

都心回帰

近年、郊外の住宅地に住む富裕層の多くが、東京都心部や各エリアの主要衛星都市にあるマンションに居を移す傾向が色濃くなっています。

理由は、主に3つ考えられます。1つは、都市中心部の居住環境が大幅に改善されたことです。昭和から平成初期にかけて、都心はオフィスビルが立ち並ぶオフィス街、中小の飲食店が犇めく商店街、煤煙や悪臭が漂いトラックが行き交う工場街などで形成され、環境としても空間としても、居住に適さないところが大半でした。

ところが大都市法の改正以降、都心の容積率は大幅に引き上げられ、産業構造の変化も相俟って、工場跡地にタワマンが建設され居住できるようになりました。商店街では、次章で詳述する市街地再開発の手法を用いて込み入った権利関係を整理、容積率のボーナスを得てタワマンを建設、居住環境の大幅な改善が実現しました。オフィス街では、中小オフィスを取り壊し、権利関係をまとめ、オフィスにマンションや商業施設を併存させる複合開発が行なわれました。

つまり、都心は「とてもじゃないが、住むところではない」から「居心地がいいところ」に激変したのです。住民を受け入れる環境が変化したこと。これが都心居住が進んだもっとも大きな理由です。

2つ目が、ニュータウンなど郊外の戸建て住宅に居を構えたオーナーたちの高齢化です。これまで気軽に乗っていた自家用車の運転がままならなくなりました。肝心のバスは本数が激減して、あらためて駅までの距離を実感するようになります。

　また、ニュータウン内は毎日を過ごすにはとてつもなく「退屈な街」なのです。おざなりな公園に行っても、そこに遊ぶ子供の姿はありません。年寄りばかりになると、外を歩く人も少ない。街には図書館はおろか、みんなが集まれるカフェすらありません。人が集まる場所がないため、地元住民同士のコミュニケーションも希薄になりがちです。ましてや、この世代の多くは企業戦士として、東京で仕事漬けの日々を送ってきたため、地元とのコミュニケーションなどを図ったこともなければ、そうしたことが苦手な人たちばかりです。

　こうして、オールドタウンと化したニュータウンを脱出して都心、都心のマンションを買えなければ最寄り駅や最寄り駅に近い郊外ターミナル駅の駅近マンションを買い求め、街の匂いを嗅げるところに居を移す人たちが増加しました。駅近に居住すれば、すぐに電車に乗れますし、昔懐かしのオフィス街に出かけることだってできます。

　近年、平日のオフィス街のランチが終わった飲食店などで、大勢の元ビジネスパーソンと思しき高齢者たちが、赤ら顔で飲食している姿を頻々と見かけるようになりました。彼らは寂しいのです。会社にしか知り合いがおらず、かといって、たびたび元の会社に顔を出すと嫌がられる。たまに都心に出て、旧交を温めるのが無上の楽しみなのですが、それには郊外住宅地はあまりに不便なのです。

3つ目が、マンションの資産性です。都心部の居住がこれだけ快適になると、今の現役世代にとって、親が苦労して通勤してきた郊外住宅地にあえて住む理由は見当たりません。このまま相続が起こっても、困るのは子供たちです。しかも、郊外住宅地は、よほどのブランド立地でもない限り、今後、資産価値は大幅に下落していきます。であるならば、今の住宅を売れるうちに売って、都心や衛星都市中心部のマンションに住み替えておけば、資産性を保つことができるだろうと考えるのです。

実際、現在の団塊の世代までの元ビジネスパーソンは大企業に所属していたなら、退職金も厚生年金も手厚く支給されているケースが多いため、マンション販売現場では全額現金で買うような人も多くいるそうです。

本章では、主にマンションの「買う側」を見てきましたが、次章では「売る側」、すなわちデベロッパーたちの動きや考えを見ていきます。

第3章

一般国民を相手にしないデベロッパー

天井が見えない建設費の高騰

新築マンションが高騰しているのは、富裕層を中心とした需要が盛り上がっているからだけではありません。製造原価、つまり建設費の値上がりが止まらないことも大きな要因です。

国土交通省の「建設工事費デフレーター」によれば、2015年度基準（指数＝100）で、2023年7月はマンションに相当するRC（鉄筋コンクリート造）住宅で124・5を示しています。2020年2月段階では108・0でしたから、コロナ以降に大幅に上昇したことがわかります。【図表17】

私はいくつかの不動産開発計画に携わっていますが、現場感覚ではここ2〜3年で3〜4割程度は上がった印象です。

マンションは、販売価格に占める建物代の割合が70〜80%になります。特にタワマンなど超高層建物は容積率が大きいため、必然として割合が高く、建設費の上昇が販売価格におよぼす影響は甚大になります。加えて、地価の上昇が顕著になっていることから、マンション製造コストが跳ね上がっています。デベロッパーは、造ったマンションに一定の経費と利益（合計で販売価格の20〜30%相当額）を上乗せしますから、

【図表17】建設工事費の推移

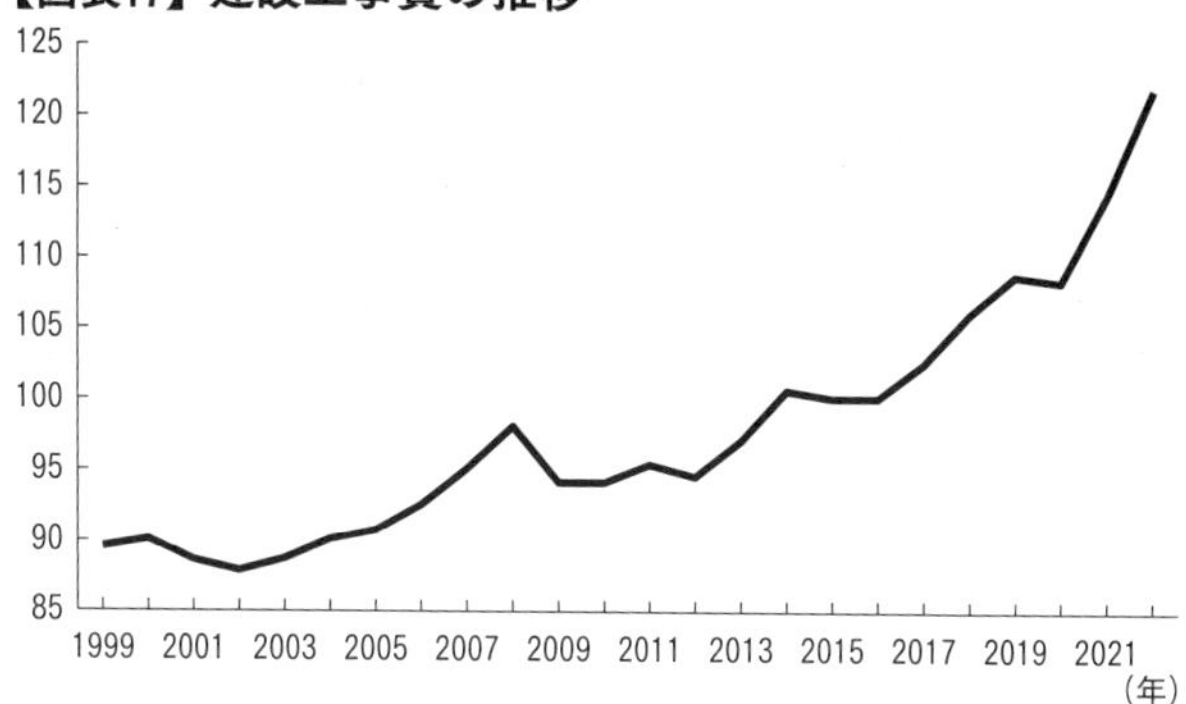

※「建設工事費デフレーター」における鉄筋コンクリート造住宅
2015年を100とした時の相対値

出所:国土交通省

販売価格がうなぎ上りになるのです。

建設費が近年、高騰している理由は主に5つあります。1つ目が、建物を建設する際の建築資材の高騰です。マンションやオフィス建設に必要な鉄骨、住宅用の木材などは、世界的な建設需要の高まりを受けて逼迫(ひっぱく)しています。最近の大規模建物に使われる外装・内装材の多くは輸入に頼っています。さらに、コロナ禍以降、世界的な金融緩和と、東アジアと東南アジアの経済発展により、建築資材需要が高まっています。世界的なインフレ傾向は、輸入材に頼る国内の建設費の値上がりに大きな影響を与えているのです。

2つ目が、ロシア・ウクライナ戦争など

にともなうエネルギーコストの高騰です。原油価格の高騰は、輸送コストや電気代の上昇を招きます。エネルギーは、建築資材の製造や物流などすべての面に関係し、コストアップの要因となるのです。

３つ目が、世界的な半導体不足です。半導体はエアコン、照明装置、給湯器、床暖房などの設備に多く使われています。建物ができあがっても、設備が入らなければ、オーナーに引き渡しができません。設備系のコストアップも、全体の建築費の上昇に寄与しているのです。

ここまでは各国同様ですが、ここからは日本固有の事情です。４つ目が、円安です。先進国で日本だけが低金利政策という一人旅を続けていますが、内外金利差は為替安、すなわち円安を招き、その結果として輸入資材の価格には為替分が上乗せされます。資材の調達コストが上昇しているわけです。

５つ目が、これから顕著になる要因で、人件費の高騰です。建設業従事者は１９９７年の６８５万人をピークに減り続け、２０２２年には４７９万人になっています。25年間で実に30%もの減少です。【図表18】

特に型枠工（かたわくこう）や鉄筋工など建築技能者は、ベテラン作業員の高齢化にともなう退職が

【図表18】建設業従事者数の推移

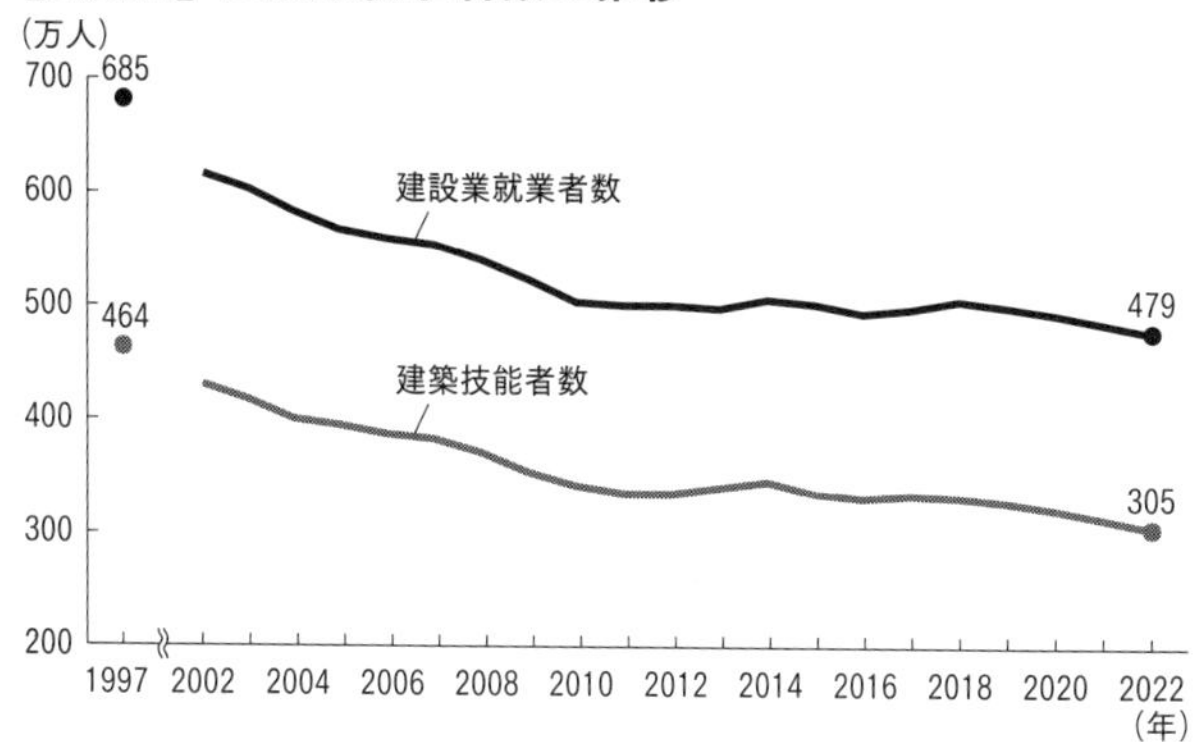

出所：日本建設業連合会

相次いでおり、２０２２年には３０５万人と、１９９７年比で35％もの減少となっています。人数のみならず、年齢構成や職能によるバランスが保てなくなっているのです。今のところ、建築現場で人工代が高騰したという話はあまり聞きませんが、予断を許しません。

２０２４年度からは、時間外労働の規制や週休２日制の導入など、働き方改革が実施されます。工期の延長や、ただでさえ少ない人手のやりくりを負わされる建設業にとっては、コストアップという茨の道が続くのです。

建設費は大都市と地方で多少異なりますが、地方だからといって、大幅に安くなるわけではありませんし、大都市圏もエリア内ではそれほど変わりません。つまり、製造原価がそれほど変わらないマンションは、「やむをえず」販売価格を値上げせざるを得ないのです。大都市郊外や地方のマンション購入者が富裕層ではない、一般国民とすれば、彼らの多くは収入が増えていないため、結果的に新築マンションはなかなか手に入らない存在になってしまったのです。

相次ぐ事業計画の延期・凍結

建設費の値上がりは、新築マンションだけではありません。たとえば、オフィスビルの場合、高い賃料が見込める都心部の大規模ビルなら、高騰した建設費を賄(まかな)うことができますが、新橋や神田などに多く見られる中小ビルでは、築年が経過して建て替えようにも、土地代を加味しなくても、予想する賃料では投資資金を回収できない状況になっています。

オフィスビルは、コロナ禍以降のテレワークの定着や大規模オフィスビルの大量供給により、空室率が高止まりし、さらに賃料が3年以上下落し続けているため、建て替えを含めたオフィスの建設がいっそう厳しくなっています。

賃貸マンションも、現状の建設費では、家賃を１坪あたり最低でも１万５０００〜１万７０００円に設定しないと、投資資金の回収が20年以上かかることになります。この坪単価では、１Ｋと呼ばれる８坪（26㎡）程度のワンルームマンションの家賃は月額12万〜14万円になります。大企業などに勤める高収入の会社員でなければ、借りられる水準ではありません。

　こうした流れは、鉄道ターミナル駅前や地方主要都市で数多く行なわれている再開発事業にも影響がおよんでいます。２０２３年７月、愛知県の名古屋栄三越が入居しているビルの建て替え計画の凍結が発表されました。理由は、建設費の高騰とオフィスマーケットの先行き不安です。

　また、２０３０年代の北海道新幹線の札幌延伸を見込んで計画されていた、ＪＲ札幌駅南口の再開発ビルは、事業主のＪＲ北海道が、資材高騰と人件費上昇を要因とする数百億円の事業費増を理由に、工期延長と規模縮小の検討に入りました。同じく札幌駅前では、札幌西武跡地の再開発計画において、工事費の急騰を理由に地上35階を31階に、ホテル部分の誘致を断念するに至りました。

　今後は全国各地で新築計画の延期や凍結、断念が続くことが予想されます。通常であれば、建設費が下がるのを待つのですが、建設費が下がる要素は今のところ見当たりません。海外資材中心の原材料価格も、人件費の高騰も、今後強まることはあっても弱まることは期待できないからです。

結論として言えることは、原価の高い新築マンションを買えるのは一部の富裕層だけということになります。さらに言えば、富裕層が好む立地は限られるため、都心部の特定エリアでしかマンションを供給できないということになるのです。

さらなるインフレが到来する

投資の観点から、新築マンションの建設・分譲を考えてみましょう。不動産投資は節税などの場合は別として、おおむね運用中の投資利回りと売却時の損益が判断材料となります。

このうち、単年度の投資利回り（表面利回り）は、年間賃料収入÷投資総額（土地代＋建物代＋諸経費）で表されます。正確には保有期間中の賃料総額、出口予想価格、期間中の割引率を加味して計算しますが、ある程度のレベルを確保しないと、売却時でよほど高い金額で売れない限り、投資する動機付けは得られません。

ところが現在、この算式の分母にあたる投資額は土地代も建物代も上がりっぱなしの状態で、下がる見込みがありません。つまり、投資利回りはどんどん落ち込んでいる状況です。ということは、満足できる利回りを確保するには、分子の部分に相当する賃料が上がらなければなりません。

マンション販売において、上昇する販売価格を吸収するには、低金利政策や税制優遇など行政による後押しだけでは限界があり、一般国民の給与など収入が上がることで手が届くようになることが必要です。また賃貸では、高い賃料を喜んで払ってくれるテナントが増えれば、利回りが改善して成立します。

現状では、投資家は賃料上昇期待を待ちながらも、売却時の売却益に重きを置いて投資を行なっているはずです。そして、いずれ賃料収入も着実に上がると見込んでいるがゆえに投資を決断しているとも言えます。そうでなければ、そもそも投資意欲が湧（わ）くはずがないからです。

このような状況は何を示唆（しさ）しているのでしょうか。率直に言えば、今後のインフレです。世界的なインフレ傾向は今後ますます強まり、日本とて例外ではなくなります。モノの値段が上がるということは、やがて給与や賃料も上がることを意味します。ただ、上昇にはタイムラグがあり、分母（投資額）の上昇に分子（賃料など）の上昇が追いつかない期間中は、前述のような開発計画の縮小や延期、棚上げといった事態を覚悟しなければなりません。

この先に、これからの日本社会の行く末があります。つまり日本人全員の給与、収入が上がるわけではありませんし、新築マンションを全員が買えるようになるわけでもありません。所得格差、エリアや街間の格差、ライフスタイルの変化、価値観の変化などの変数が影響をおよぼしていくのです。

また、日本経済が順調に成長を続けることができれば、インフレを克服できますが、給与など収入が上がらずに、モノの価格だけが上昇するスタグフレーションになると、社会の混乱は避けられないものとなります。

現状のマンションマーケットは今後の調整期間を前提にして、値上がり期待という投資家の思惑と、インフレに支えられて上昇を続けています。これに連動して、一般国民の収入が賃上げなどで上昇すれば、やがて建設費との釣り合いが取れて、郊外を含めて新築マンションの供給が復活してくるでしょう。建設費の値上がりが世の中全体のインフレによって吸収されていくからです。

市街地再開発事業の〝おいしい〟仕組み

最近、街を歩くと、ＪＲや私鉄の駅前で、かつては商店街だったところに囲いがなされ、再開発を告知する看板が掲示されていることをよく見かけます。看板の事業者欄には、「○○町△丁目第一種市街地再開発組合」などと書かれています。

これは、平成バブル時代に流行（はや）った不動産業者による、いわゆる「地上（じあ）げ」ではなく、地権者が共同して再開発を行なう「市街地再開発事業」です。

市街地再開発事業とは都市再開発法に定められた開発形態で、老朽化した木造建築物や細分化された権利関係を整理し、土地の高度利用と都市機能の更新を目指す事業に対して、事業費の一定割合を自治体などが補助するというものです。

具体的には、土地の高度利用によって生まれる新たな床（保留床（ほりゅうしょう））を、新たな居住用不動産を提供する者（たとえばマンション分譲を行なう業者）や不動産事業を行なう者（たとえば賃貸オフィスを行なうデベロッパー）に売却することで事業費を賄い、権利者は自身が持つ従前資産の評価に見合った床（権利床）を獲得することで、基本的に事業費の負担なく再開発の恩恵を受ける第一種事業（権利変換方式）【図表19】と、施行地区内の土地建物をいったん施工者が買い取り、従前の権利者が希望すれば相当分の床を与える第二種事業に分かれます。

以前は、地方公共団体や都市再生機構（UR）などによる第二種事業が盛んに行なわれましたが、最近の主流は第一種事業です。国土交通省の調べでは、事業が開始された1969年から2017年までの49年間で1077地区が実施され、うち917区が完了しました。ということは、その時点で100以上の地区で計画されていることになります。

駅前地区で市街地再開発が盛んになっている背景には、駅前商店街の多くが衰退していることがあります。郊外を中心に大型商業施設が展開し、顧客を奪われただけでなく、店主たちの高齢化が進み、事業承継がままならなくなっているのです。

駅前商店街の店舗の多くは数坪からせいぜい数十坪程度と小さく、なかなか買い手がつきません。平成バブル期なら、札束を持った不動産業者が目を見張るような値段で買ってくれたでしょうが、今ではほとんど見かけなくなりました。デベロッパーも、1軒1軒地上げするのは、バブル期のように地価がばんばん値上りする時代ならともかく、必要な面積を確保するのに時間がかかります。上場企業では、そのような

【図表19】第一種市街地再開発事業のイメージ図

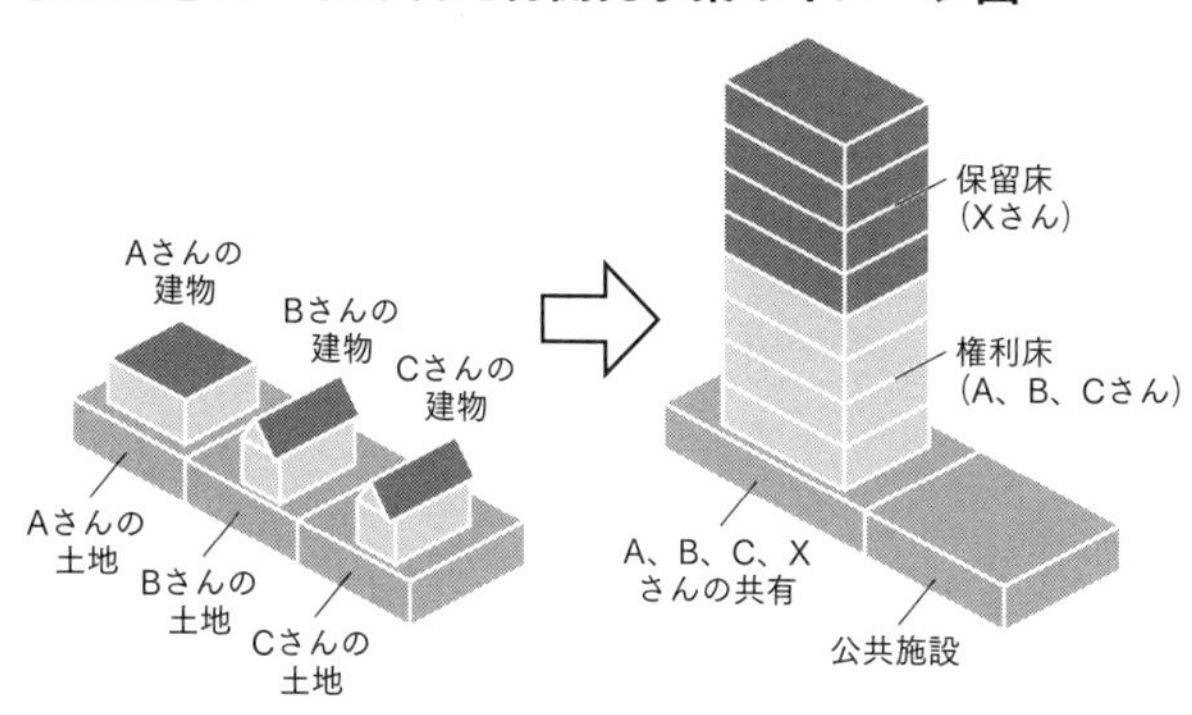

出所:国土交通省の資料をもとにオラガ総研作成

時間がかかる事業を株主や金融機関が許さないでしょう。

そこで利用されるようになったのが、市街地再開発事業です。デベロッパーらは、商店街の顔役にアプローチして、対象となるエリアの商店主などに声がけしてもらい、再開発を提案します。以前は大手デベロッパーの名前を聞くと、商売をやめて売りたがっていた店主たちは、「うちのような土地でも買ってくれるんかい」となります。いっぽう、商売を続けたい店主は、「こんちきしょう。地上げだろう。絶対売らないぞ」と、警戒心を剥き出しにします。

しかし、デベロッパーの役割は過去の地上げ方式とは異なります。第一種事業は、権利者全員で再開発組合を組成し、権利を持ち寄ってデベロッパーやゼネコンに開発を委託・実施してもらいます。つまり、事業の主体はデベロッパーではなく再開発組合です。必要資金は自治体からの補助金と、できあがる保留床を大手デベロッパーなどが買い取る資金で賄えるので、店主たちは基本的に自己負担はありません。

また、土地を取り上げられるわけではなく、自分の所有する分の土地建物は相応の評価を受け、再開発事業に拠出することで事業に参画できます。店をやめて大家になりたい人は、自分の権利床をテナントに貸すことができますし、店を続けたい人は、自分が使う床を以前とは比べものにならないほど立派な建物内に確保できる、夢のような仕組みです。

この手法を採用することによって、単体では価値があまりなかった土地が大きな価値を生み出すようになります。なぜなら、容積率（敷地面積に対して建設できる建物面積の割合）の割り増しと、自治体による補助金という2つの飴玉があり、これまでなら実現できなかった超高層建物を建設できるからです。

デベロッパーやゼネコンにしても「地上げ」と、うしろ指を指されることなく合法的に、しかも容積率アップなどの飴玉つきで事業が展開できますから、〝おいしい〟事業なのです。

ただ、飴玉をもらうに際しては、自治体が望む公共施設の整備等を要求されることが多くあります。託児所を用意する、駅前広場を拡張してバスやタクシーが待機できるスペースを確保する、市民みんなが使える公民館や図書館を併設する、などです。

建物竣工後は、街のランドマークとも言える存在になります。開発地の多くは駅前商業地ですから、完成するマンションから最寄り駅には徒歩1～2分です。タワマン高層階なら周辺相場の2～3割増しで売れます。それまでこのエリアには関心を示さなかった顧客も、駅近の高層タワマンなら魅力を感じて集まってきます。地元の金持ちも1つ買って、お殿様気分を味わいます。相続が心配な高齢富裕層も「じゃ、お1つ」ということになります。

事業に関係のない地元住民からすれば、どうしてあんなに高い（建物も価格も）マンションができて、飛ぶように売れるのだろうと訝(いぶか)るのですが、このような仕組みになっているわけです。そして現在、都内のみならず全国各地の駅前を中心に、市街地再開発事業が花盛りになっています。再開発事業が、昨今のマンション価格高騰の一翼を担(にな)っていることは言うまでもありません。

超高額賃貸マンション

マンション価格の高騰は、新築物件や中古物件に限りません。都内の賃貸マンションの賃料も上がり続けています。「日経ヴェリタス」(2023年7月31日付)によれば、都内の高額賃貸マンションマーケットは、コロナ禍の影響を脱して、好調モードに入っています。

高額賃貸マンションと言うと、以前は、欧米など外国人の日本駐在用の物件がほとんどでした。私が勤務していたボストンコンサルティンググループでも、外国人駐在者は東京の代々木(よよぎ)などにあった高額賃貸マンションに住み、家賃は月額100万円程度でした。こうした物件を豊富に扱うのはケン・コーポレーションなど、少数の業者に限られていました。マーケットがきわめて小さかったからです。

ところが最近では、日本人を対象にした高額賃貸マンションが増えています。借り手はたとえば、企業オーナーです。彼らは非常に忙しいため、都内に自宅を所有して管理するのは面倒です。そのため、平日は六本木や渋谷近くの賃貸マンションで過ごし、休日は箱根(はこね)(神奈川県)や軽井沢(かるいざわ)(長野県)などに構(かま)えた自宅で過ごす2拠点居住です。私はけっして彼らのような金持ちではありませんが、自宅は神奈川県の湘南(しょうなん)エリアに所有し、普段は都内の賃貸マンションで生活しています。生活の効率性を重視した結果です。

また最近、上場企業などで役員を自社近くに住まわせて、コンプライアンスや役員の安全確保を徹底する動きも、こうした高額賃貸マンション需要を後押ししています。さらに、自宅を保有せずに、投資マンションなどの不動産の収益で、都内の高額賃貸マンションを借りる人もいます。

こうしたニーズを摑もうと、最近では住友不動産が、「ラ・トゥール」という高額賃貸マンションブランドを打ち出しました。そのなかの「ラ・トゥール新宿ファースト」は住戸面積１１０㎡で月額賃料70万円、３００㎡のペントハウスでは３００万円を超えます。顧客は外資系法人の駐在者だけではなく、医師や企業オーナーなどの日本人も多いようです。同様に、ＮＴＴ都市開発も「ウェリスアーバン品川タワー」を手がけています。

高額賃貸マンションであるからには、住居以外にフィットネス、ミーティンググルーム、パーティールームなどはもちろん、コンシェルジュ、ドアマン、バレーサービスといった人的サービスを含む、至れり尽くせりの仕様になっています。

賃貸住宅を数多く運用する住宅系のＪ－ＲＥＩＴでは、立地や建物仕様の良い物件ほど運用成績は好調です。東急不動産系のコンフォリア・レジデンシャル投資法人、三井不動産系の日本アコモデーション投資法人、伊藤忠商事系のアドバンス・レジデンス投資法人などは投資口価格が高位で安定しています。彼らの営業成績が好調であるということは、東京、大阪、名古屋などを中心に質の高い賃貸マンションが供給され、マーケットで高く評価されていることを示しています。

最近の都心部の開発ではオフィスのみならず、マンションや商業施設を同じ建物内や敷地内に複合する事例が多くなっています。そのマンションは分譲ではなく、賃貸用として運用する動きが活発化しているのですが、その背景には、高い賃料負担にも耐えられる、富裕層の存在があります。

このように、賃貸分野においても、マンションマーケットは著しく進化しているのですが、そのターゲットはやはり富裕層です。

富裕層のお気に入り、ホテルコンドミニアム

昨今、富裕層の間で話題になっている投資用不動産が、「ホテルコンドミニアム」で

す。これは読んで字のごとく、ホテルとコンドミニアム＝マンションが組み合わさったものです。第1章で紹介したブランデッドレジデンスに近いですが、ブランデッドレジデンスは居住に重きを置いて、居住者に各種のホテルサービスを提供するのに対し、ホテルコンドミニアムはオーナーが利用する時以外は、主にホテルの客室として運用します。

ホテルの部屋は通常、リビングダイニングやキッチンがありませんが、ホテルコンドミニアムにはこれらのスペースや設備が備わっています。外国人出張者や中長期滞在者用の仮住居として利用されるサービスアパートメントに似ています。

また、マンションは通常2LDK、3LDKなどと表示しますが、ホテルコンドミニアムは部屋をベッドルームと称して、その数に応じて1ベッドルーム、2ベッドルームなどと呼びます。そしてベッドルームごとにトイレ、洗面台、バス・シャワーが設置されていることが多いのです。キッチンは、リビングスペースなどに1カ所設置され、共用で使うようになっており、簡単な調理ができるキッチン用品、電子レンジ、冷蔵庫などがあらかじめセットされています。

ホテルコンドミニアムは1室（たとえば2ベッドルーム）ごとに販売され、購入者は別荘のように利用してもよいし、自身が利用しない時にはホテルに貸し出すことができます。ホテルは借り受けた1室を、ベッドルーム単位で顧客に提供するので、2ベッドルームであれば、2組の客が利用できることになります。だからトイレやシャワーなどは各部屋に専用に取り付けられているのです。

ホテルコンドミニアムが話題となったのが、2016年に東山竹田病院跡地にできた「フォーシーズンズホテル京都」に併設された「レジデンシャルスイーツ」で、全180室のうち57室がホテルコンドミニアムとして分譲されました。

当時の分譲価格は4億～10億円程度でしたが、2023年11月時点で中古物件として販売されている物件の価格は83～151㎡で4億6000万～15億円程度。何と、坪単価1800万～3280万円です。分譲当時は坪単価約700万円でしたから、投資用不動産としてすでに十分な売却益が実現しています。ちなみに月額の管理費は20万9000～32万7000円になります。

現在、ホテルコンドミニアムは北海道のニセコ（虻田郡倶知安町）・ルスツ（同郡留寿都村）・富良野（富良野市）、長野県の白馬（北安曇郡白馬村）、神奈川県の仙石原（足柄下郡箱根町）、三重県の伊勢志摩（伊勢市）、沖縄県の恩納村（国頭郡）などのスキーリ

【写真1】「フェニックス富良野」

ゲレンデ前にある、6階建てのホテルコンドミニアム。眺望も施設も申し分ない

ゾート、景勝地、温泉地、ビーチリゾートに広がっています。

北海道のニセコ中心部の比羅夫（ひらふ）に2014年12月に開業した「木ニセコ」のペントハウス4ベッドルーム（251・08㎡）の中古価格は6億2000万円、坪単価816万円と、都内の超高額マンション並みです。

同じくニセコで、2020年開業の高級ホテル「パークハイアットニセコHANAZONO」で分譲されたホテルコンドミニアムは72㎡、半露天風呂付客室が8000万円、メゾネットタイプが10億円、ゲレンデ直結タイプは14億円でした。近時の販売価格は2ベッドルーム（140㎡）で3億6000万円、坪単価850万円です。

富良野スキー場のゲレンデ前に2020年冬に

オープンした「フェニックス富良野」は全33戸が販売開始3カ月で完売。購入客の多くは香港、オーストラリア、ベトナムなどの外国人富裕層でした。2022年に竣工した「フェニックスウエスト」の販売価格は145㎡、3ベッドルーム（定員6名）で1億4500万円です。坪単価は480万円程度です。【前ページの写真1】

運用面を見てみましょう。通常はレンタルマネジメントプログラムが設定され、オーナーが利用した場合、完全無料のタイプと、水道・光熱費やリネンサービスを徴求されるタイプに分かれます。賃料は、客室収入のうち30～40％を賃料として還元されるもの、客室運用にともなう関連費用をすべて控除後の利益ベースで還元されるものがあります。どちらのケースも利回りとしては約2～3％程度が多いようです。

高利回りではありませんが、会計上、減価償却費が計上できますし、何と言っても、好きな時に利用できるのが強みです。たとえばリゾート会員権は、1つの部屋を複数のオーナーで共有するため、希望日に利用できないこともありますが、ホテルコンドミニアムにはその心配がありません。私物を置くことはできませんが、オーナー専用のロッカーなどが装備され、日頃の清掃や建物管理はお任せですから、安心です。

こうした使い勝手の良さや維持・管理に手間がかからないことから、日本人富裕層の間で投資をする人が増えてきていますが、欧米の投資家の間ではすでにポピュラーな投資対象になっています。

デベロッパーにとっても、開発にともなう多額の投資金額をコンドミニアムやヴィラなどを併設して投資家に販売することで、資金の一部を早期に回収できるメリットがあります。言わば、互いにウィンウィンの関係が成立することで、ホテルコンドミニアムは急成長しているのです。

デベロッパーが海外マンションに入れ込む理由

２０２３年秋、「日本の名目ＧＤＰ（国内総生産）がドイツに抜かれ、世界第4位になる」とのＩＭＦ（国際通貨基金）予測が発表されました。

日本のＧＤＰが中国に抜かれるという衝撃的なニュースは、２０１１年でした。長らくアメリカに次ぐ世界第2位の経済大国を誇った日本は、わずか10数年でドイツの後塵（こうじん）をも拝（はい）することになったのです。１９９０年代前半のバブル崩壊以降、日本は太平の眠りについてしまったかのように、経済成長しない国になっています。【図表20】

１人あたり名目ＧＤＰで見ると、さらに日本の危機的な状況が露（あら）わになります。

【図表20】名目GDPの推移(上位6カ国)

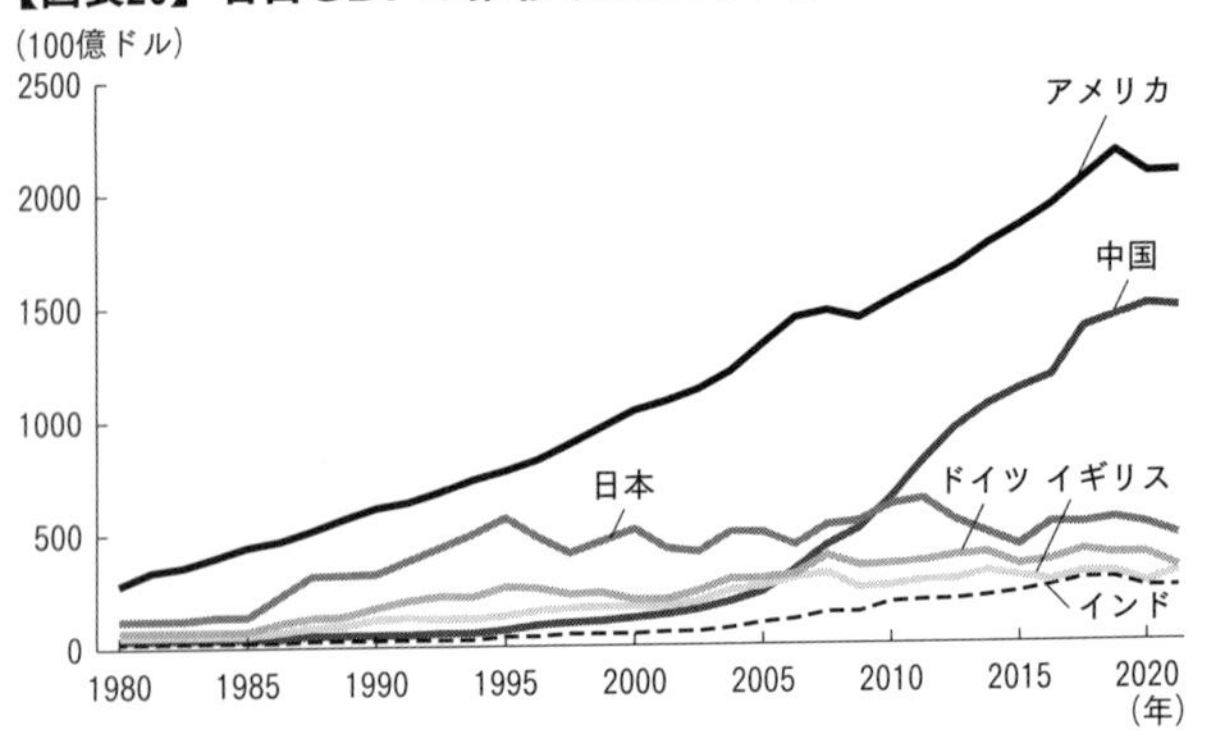

出所:ニッセイ基礎研究所

【図表21】は、2022年における1人あたり名目GDPの国別ランキングですが、日本は年々下降を続け、第32位。G7(主要7ヵ国財務相・中央銀行総裁会議の参加国)で最下位です。1989年には第4位でした。

これまで日本人は、1人あたりの順位はあまり気にしてこなかったようですが、さすがにG7最下位で経済大国を称するのは、気恥ずかしいですね。

それでも今後、日本の経済が持ち直し、持続的な成長が期待できればいいのですが、楽観視できません。IMF発表の名目GDP成長率は、2023年10月の予想値で、日本は年1%程度の低成長カーブしか描けていません。東アジアでは中国はもちろん、韓国や香

港にも敵いません。【図表22】
目を東南アジアに転じると、インドネシア、マレーシア、フィリピン、タイ、ベトナムなどが高い成長を続けることが予想されています。5カ国の人口は、インドネシアの2億7380万人を筆頭に、フィリピン1億1390万人、ベトナム9747万

【図表21】1人あたり名目GDP(主要国)

順位	国・地域名	1人あたり名目GDP(ドル)
1	ルクセンブルク	126,598
6	シンガポール	82,808
7	アメリカ	76,343
20	ドイツ	48,756
21	香港	48,154
23	イギリス	45,461
24	フランス	42,350
31	イタリア	34,085
32	日本	33,854
34	台湾	32,687
35	韓国	32,418

※2022年

出所:IMF

【図表22】名目GDP成長率(アジア)

国・地域名	2022年	2023年	2024年
(東アジア)			
日本	1.1%	1.3%	1.0%
香港	-3.5%	3.5%	3.1%
韓国	2.6%	1.5%	2.4%
中国	3.0%	5.2%	4.5%
シンガポール	3.6%	1.5%	2.4%
(東南アジア)			
インドネシア	5.3%	5.0%	5.1%
マレーシア	8.7%	4.5%	4.5%
フィリピン	7.6%	6.0%	5.8%
タイ	2.6%	3.4%	3.6%
ベトナム	8.0%	5.8%	6.9%

※2023年、2024年は予測値

出所:IMF

人、タイ7160万人、マレーシア3357万人で、しかも増加を続けています。人口減少・少子高齢化の波に襲われている日本とは対照的です。

ここに目を付けたのが日本のデベロッパー、ハウスメーカー、総合商社です。三菱地所はタイやインドネシアに進出、タイのバンコクでは高層マンションを多数供給し、マンション分譲戸数は累計で1万戸を超えています。東急不動産はマレーシア、タイ、ベトナムなどに進出、マレーシアのクアラルンプールでは2000戸を超えるプロジェクトを行なっています。

ハウスメーカーでは住友林業が活発に事業展開を行なっており、バンコクで44階建てのタワーマンション「ハイド・ヘリテージ・トンロー」を供給、ベトナムのホーチミンでは約2400戸の分譲マンションを手がけています。

こうした海外事業は、現地のデベロッパーなどとの共同プロジェクトがほとんどです。前章で述べたように、海外では外国企業だけで土地を所有して事業を行なうことへの制約が大きく、また現地の人々の住まいに対する価値観が異なることから、現地の有力なデベロッパーと連携して行ないます。

彼らが海外に目を向けるのは、東南アジア各国の経済成長と、豊かになった国民

【図表23】住宅着工戸数と生産年齢人口の推移

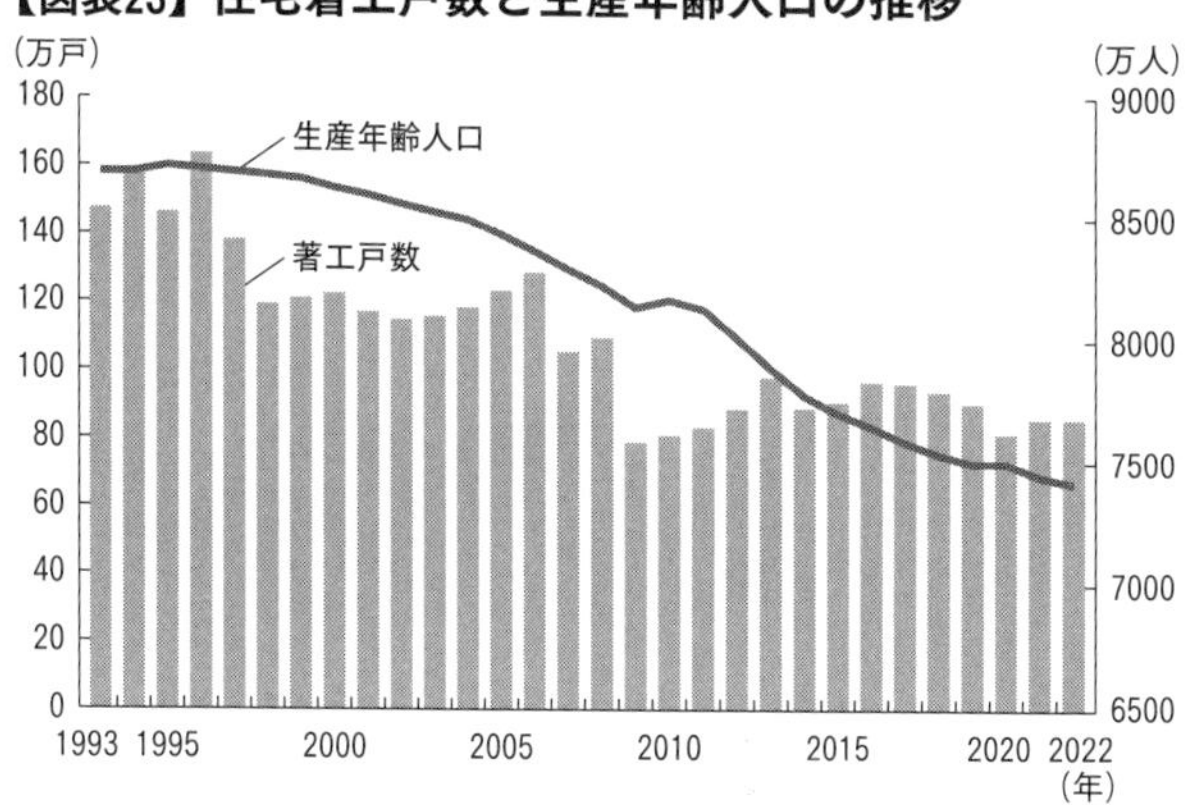

出所：国土交通省、総務省の資料をもとにオラガ総研作成

の、より良い住宅への憧れに対して、日本で培（つちか）ったマンション分譲のノウハウを活用できるからです。また、日本では富裕層が購入する超高額マンションが成長を続けるものの、一般国民が買うマンションの需要が萎（しぼ）むことが予想されています。日本の未来より、東南アジア各国の成長性を重視し始めているとも言えます。

実際、２０２２年における日本国内の住宅着工戸数は85万９５２９戸、２００７年は１０６万７４４１戸でしたから、約15年間で２割も減少しています。【図表23】

マンション着工戸数も２０２２年は10万８１９８戸でしたが、２００７年は16万８９１８戸と、36％も減少しています。

野村総合研究所は、住宅着工件数は2030年には70万戸、2040年には49万戸にまで減少すると予測しています。

縮小する日本のマーケットに見切りをつけ、これから拡大していくアジア、とりわけ東南アジアを中心に販路を広げていくのが、彼らの戦略なのです。

日本の一般国民が徐々に貧しくなるなか、経済成長著しいアジアの人たちの購買力はどんどん上がります。これまで、成長するマーケットで「量」の拡大を至上命題にしていたデベロッパーにとって、日本で成功した同じ物差しでビジネスができるアジアのマーケットは魅力にあふれているのです。

一般国民は、中古物件を買うしかない

坪単価が500万円を超え、分譲価格が1億円になるようなマンションマーケットでは、世帯年収が500万円台（厚生労働省「令和4年 国民生活基礎調査の概況」によれば平均世帯年収545・7万円、中央値423万円）の一般国民の存在感は薄れるばかりです。

富裕層はブランデッドレジデンスに住み、ホテルコンドミニアムでスキーやマリン

【図表24】中古マンションの平均価格・成約件数推移

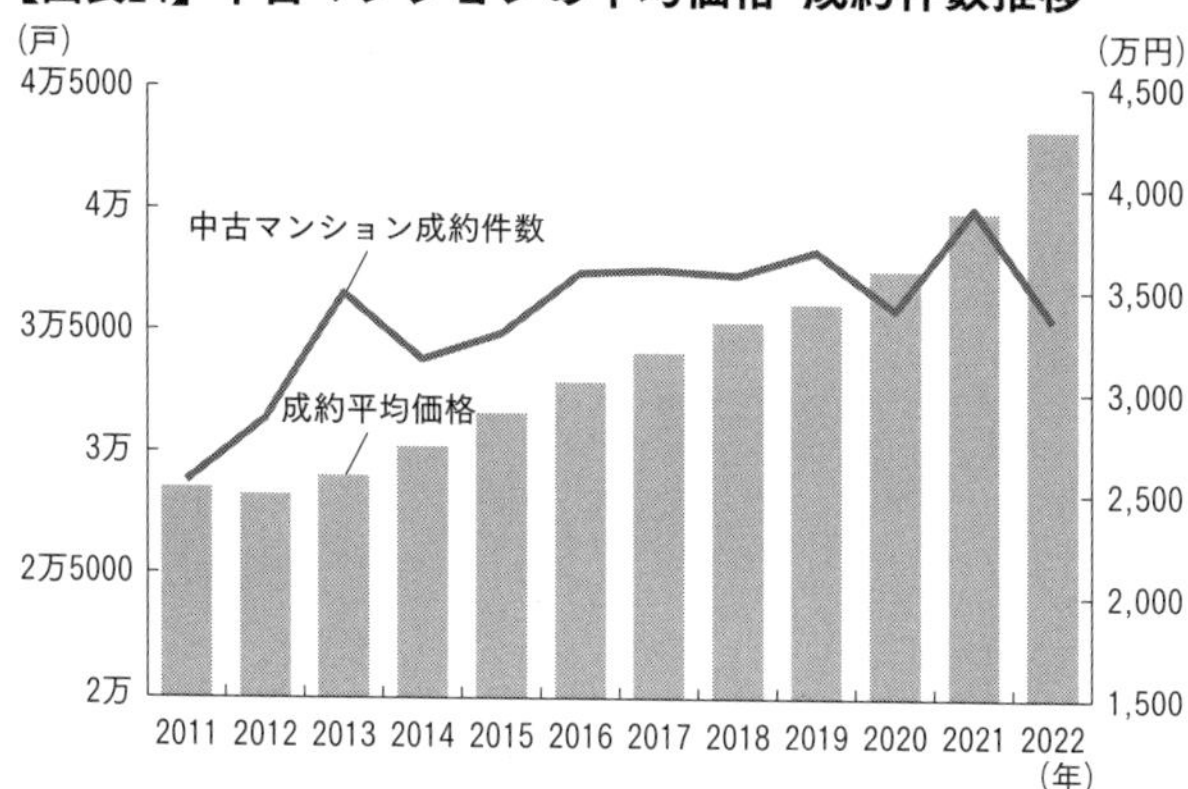

出所：東日本不動産流通機構

レジャーを楽しみ、温泉に浸かって寛ぐなか、一般国民はどんなにローンを組んだところで、新築マンションを提供するデベロッパーから相手にされていないことは明白です。

この状態で一般国民が向かうのは、中古マンションのマーケットということになります。実際、中古マンションは近時、成約価格が急上昇しています。東日本不動産流通機構の調べによれば、2022年における首都圏・中古マンションの成約件数は3万5429戸、平均成約価格は4276万円。2011年と比べ、成約件数で22・7%増加、平均成約価格で69・0%上昇しています。【図表24】

同期間における中古戸建て住宅の成約件数は27・2%増、平均成約価格は26・5%増ですから、いかに中古マンションの価格が上昇したかがわかります。

いっぽう、2022年における首都圏・新築マンションの発売戸数は2万9569戸、平均価格6288万円でした（不動産経済研究所）。2011年比で戸数は34%減少、価格で37%上昇です。つまり供給戸数が減って価格が高くなり、その結果としてあぶれた顧客が中古マーケットに流れ、価格が急騰したことが見て取れます。

このように記すと、何やらデベロッパーが意地悪をして一般国民向けのマンションの供給をやめてしまったかのように映りますが、値上がりが続く土地価格と暴騰する建設費のなか、一般国民向けのマンションを企画しにくくなっているのが実情です。彼らには、郊外や駅から遠い、割安な土地を仕入れてマンションを造っても、建設費が高額マンションとそれほど変わらないため、販売価格が高くなり、一般国民から見向きもされないことがわかっているのです。

こうした事態に、悲鳴を上げているのがマンション専業のデベロッパーです。彼らは大手ほどの資金力がありません。大手デベロッパーなら賃貸オフィスや商業施設、ホテル、物流施設など多分野で事業展開をしているので、マンション事業が不調でも他の事業で収益を確保できます。

しかし、マンション専業デベロッパーは毎年、土地を仕入れて、建物を建設し、分譲して利益を得なければ、社員を養うことができません。もちろん、彼らも都心・好立地の土地を押さえられれば、超高額マンションを開発するチャンスがあります。しかし都心・好立地の出物は少なく、競合も激しくなります。さらに、彼らは富裕層や投資家が好むマンション仕様に詳しいわけではなく、また富裕層につながる人脈や販売網を整えている業者も稀です。ましてや、海外進出して分譲するノウハウも体力もありません。

こうして、結果的に、マンションマーケットは大手デベロッパーによる寡占化が進んでいきます。20年前には毎年８万～９万戸の新築マンションの供給があった首都圏のマーケットは約３分の１に縮小し、その間にデベロッパーの数は４分の１になったと言われています。これは大相撲にたとえれば、土俵が３分の１になり、横綱から前頭14枚目までいた幕内力士が、小結以上の三役だけになったようなものです。

結局、新築マンションは贅沢品として富裕層や投資家が買い求め、一般国民は中古マンションを買う構図が当分続くことになるでしょう。

でも、悲観することはありません。今後は、首都圏を中心に大量の相続が発生します。少子化ニッポンでは相続人の数も減り、都内でも実家に住まない相続人が、親が残した中古マンション住戸を、大量にマーケットに賃貸や売却で放出することが目に見えています。

一般国民が豊富に出そろう中古マンションをじっくり吟味(ぎんみ)して、割安に買い求められる時代は、そこまで来ているのです。これからの世の中では、一般国民は三井、三菱、住友などのデベロッパーの名前を知らなくてもよくなります。彼らは、富裕層や投資家向けの新築・超高額マンションだけを提供する存在になるからです。このあたりのことについてもデベロッパーはよく理解をしています。

では今後、マンションを購入するには、どの場所が狙い目でしょうか。次章で、具体的に紹介していきます。

第4章 これからのマンション、3つのキーワード

都心に集まる人たち

２０２０年2月に始まったコロナ禍は3年ほど続き、２０２３年夏にはほぼ終息しました。コロナ禍の期間中、人々は家に引きこもり、他人との接触を極力控えました。オフィスへの通勤に代わってテレワークが推奨され、1日のほとんどの時間を自宅および自宅周辺で過ごすことが求められました。

こうした新たな生活習慣が定着し始めると、人々の住まいに対する意識にも変化が生じました。人混みの多い東京に行かないようにした転入者の減少と、東京に住むことをやめて郊外や地方へ移住した転出者の増加が、これまでの東京一極集中に変化をもたらしたのです。

東京都の人口移動統計を見ると、コロナ前までは毎年7万〜8万人の社会増＝転入超過（転入者数−転出者数）でしたが、２０２０年、２０２１年とその数は大幅に縮小し、２０２１年の人口は自然減（出生者数−死亡者数）の影響も受けて、26年ぶりに減少に転じました。【図表25】

こうした動きについて、一部では「東京の没落、衰退」といった声が聞かれました。いっぽう、東京一極集中が過度に進んでいたのは事実であり、コロナ禍によるライフ

【図表25】東京都の人口移動推移

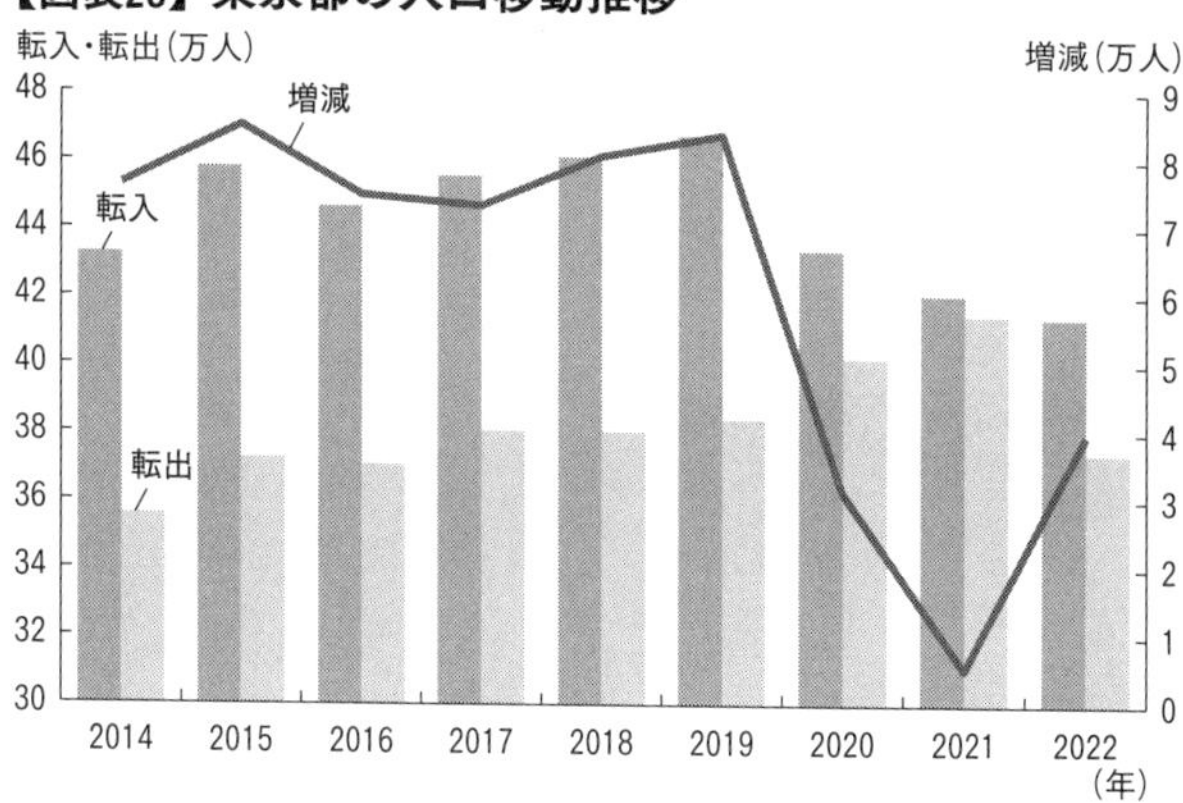

出所：東京都のデータをもとにオラガ総研作成

スタイルの変化と居住地域の拡散傾向は歓迎すべき動きにも見えました。

ところが２０２２年になると、転入者数は減少を続けたものの、転出者数も大幅に減少したため、全体人口はふたたび増加に転じたのです。２０２２年の段階ではまだコロナ禍が完全に終息を見せたわけではありませんでしたが、すでに東京にいる必要がない、あるいは必要がなくなった人たちの一定数が退去し、東京にいる必要がある人が残った結果と言えるでしょう。

確かに、多くの企業でコロナ禍を経て働き方が柔軟になったことは事実ですが、完全にテレワークのみの勤務体系は少数ですし、業種や職種も限定的でした。多くの企業は、テレワークとリアルワークを組み合わせるハイブリッド型の勤務体系を採用し、社員が完全に東京から離れた企業は少なかったのです。ただ今後は、この動きは一定数の定着を実現したのち、着実に増加していくことが予測されます。

水面下の大きな変化

コロナが終息して通勤客の姿が戻った、と言われます。確かに、通勤時の光景は以前に戻ったように見えます。鉄道各社の発表でも、おおむね「9割」程度に回復したとされています。これをもって、テレワークは一時的な現象であり、リアルワークに戻ったのだと結論づける人がいますが、本当にそうでしょうか。

これは逆に、「1割」もの人が通勤という行動様式から逃避したことに注目すべきです。ジェイアール東日本企画によれば、2019年のJR首都圏全線の通勤客数は1週間で延べ1億1195万人ですから、現在はこのうちの1割＝1120万人が通勤していないということになります。年間では、延べ5億8240万人分の利用が消滅したことになります。

世の中の変化は、こうした些細にも見える数値の変化から始まります。最初から大きな変化が起きれば、それは変化ではなく変革、革命です。そうした意味では「1割」の変化は大きな出来事であり、この1割から始まって世の中が変化していくことも想定されます。

特に今後は、自らの才能や技能で働くプロフェッショナルやジョブ型の職業を選択する人たちが増加することは間違いないでしょう。彼らは、必ずしも通勤をして東京で働く必要がありません。

また、地方から東京への流れも縮小しそうです。高度成長期には、地方から東京をはじめとした大都市圏に大量の若者が流入しましたが、人口減少と高齢化に陥っている地方が人材供給ポンプの役割を担うことは不可能だからです。

したがって、これからの時代は、都内あるいは首都圏内だけで人口が移動することが予想されます。実際、最近の東京都の転出入状況を見ると、首都圏内での移動が増えています。

これは、東京大学の学生の出身地を見ても明らかです。東京大学は、全国から優秀な学生を集める日本の最高学府と呼ばれてきました。不肖、私が東京大学の学生だった1980年代は地方から来た学生も多く、学校周辺の下宿には多くの学生が住んでいました。授業が終わると彼らの下宿先に転がり込み、うだうだと過ごしたのも楽しい思い出です。

東京大学に確認すると、１９８０年代前半は東大生の約半数が地方出身だったのに対し、現在は約7割が３大都市圏出身だそうです。

「東大は東京にある地方大学なのです」

ある教授は、私にこう言いました。つまり、これからの東京は、東京および周辺出身者が東京のなかで己(おのれ)の技を磨(みが)いて生きていく、東京人オリエンテッドな都市になることを示唆しているのです。東京は日本のなかでもっともお金が集まり、人々の欲望が集結する街です。この世界に浸かりたい東京出身者を中心としたコミュニティがさらに発達をしていくと考えられます。

都心なら、どこを選ぶべきか

都心部に人が集まるから、都心部のマンションは必ず値上がりする。なぜなら東京は不死鳥であり、実際コロナ禍の影響からも見事に立ち直って、ふたたび人を集めている――。データだけを見れば、このように感じる人たちがいても不思議ではありません。しかし、本当にそうでしょうか。

東京都の調査では、東京都の人口は２０３０年の１４２４万人をピークに減少に転じる、と予測されています。それによると２０３５年１４１７万人、２０４０年１３９８万人と推移し、２０６０年には１２００万人台になると推計されています。地域別に見ると、23区は２０３５年の９９９万人が、多摩・島しょエリアは２０２５年の４３５万人が人口のピークとされています。

東京都では同様の調査を２０２１年にも行なっていますが、今回の発表（２０２３年）では予測値を修正して、ピークをやや先送りしています。その理由は、在留外国人の増加です。コロナ禍で一時的に減少したものの、在留外国人は２０２２年で58万１１１２人、前年比で６万３２３０人も増加しています。【図表26】

つまり、東京都の人口増を支えているのは在留外国人なのです。このことはあまり知られていません。

したがって、都心に集まる人たちの属性を理解し、どこにどのような人たちが集まるかを考えないと、短絡的に都心部のマンションは必ず値上がりするという結論にはならないのです。

特に、35年におよぶ住宅ローンを借りて、超高額マンションを購入することは慎重でなければなりません。今から35年後は2059年、東京都の人口は1200万人台に落ち込んでいることが前提になります。それでも資産価値を保ち続けるエリアを見定めるべきなのです。

では、どのエリアが該当するでしょうか。まず、都心部でマンションを所有するなら間違いなく山の手です。東京は西南部を中心に武蔵野(むさしの)台地の丘陵が続きます。この台地上は地盤が良く、懸念されている東京直下型地震の影響をかなり小さくできるはずです。実は、江戸時代から大名屋敷があった場所はそのほとんどが台地上です。

ただ、台地上にあって地盤が良いだけでは十分ではありません。これから人口が大幅に伸びることはないことを前提にすれば、国内外の投資マネーが集中するところにマンションなどのプロパティを持つべきです。一言で言えば、外国人にもわかりやすい立地、具体的には麻布、青山、広尾、六本木、赤坂などです。

不動産業界には「土地は嘘をつかない」「不動産にお買い得なし」という金言があります。これらの場所は価格も高いですが、価値もブランド力も高く、値崩れしない。つまり、資産価値を保つことができるのです。

【図表26】東京都の在留外国人推移

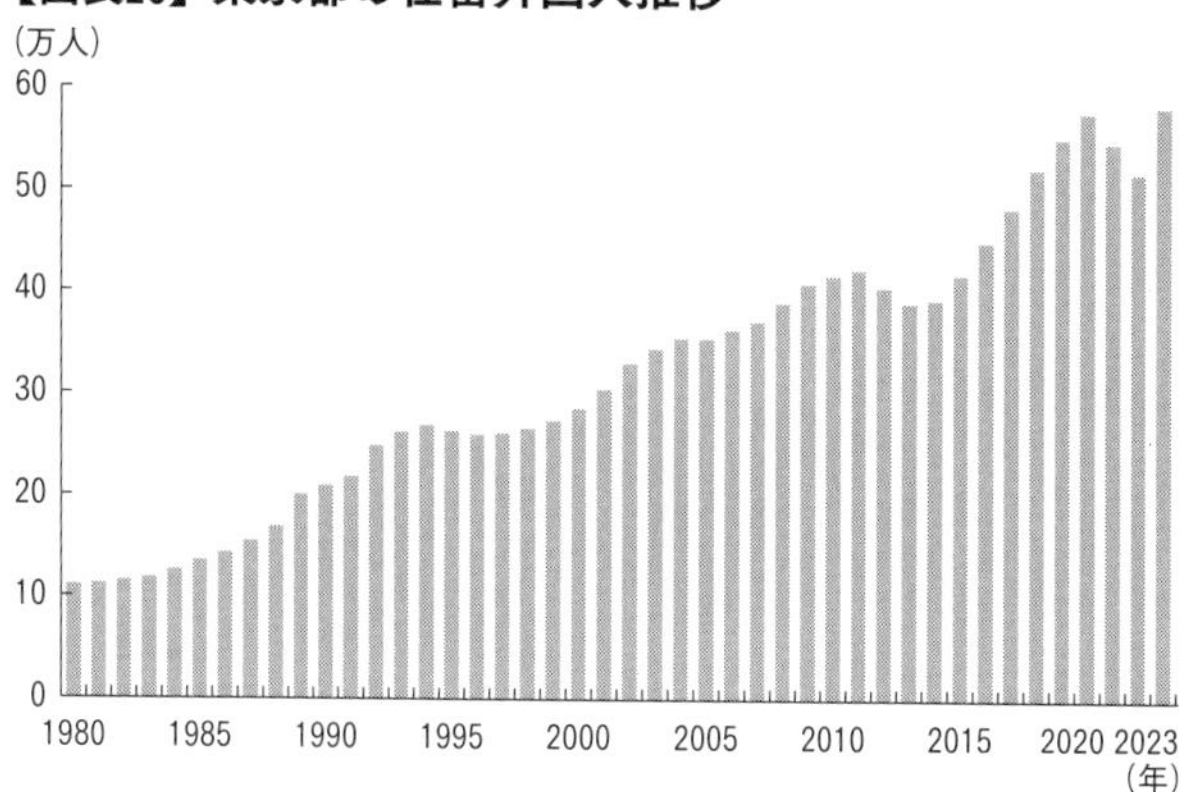

出所:東京都

もう1つの視点は、人の出入りです。これはブランド立地でなくても、多くの人々が出入りする人気エリアのことです。湾岸エリアや鉄道が交接するターミナル駅近辺が該当します。

ただし一口にターミナル駅と言っても、エリアによる属性があります。下町エリアでは自然災害に脆弱と言わざるを得ませんし、また開発余地が少なければ、一度きりの開発では街の発展に限りがあります。また、特急や急行が停車しない駅などは要注意です。地盤は変わりませんが、人流は時代と共に変化します。流行の街がその面影すら失う様はよく見られる現象です。

したがって、都心マンションを買うコツ

は、「ブランド立地は中長期所有」「流行のエリアは時代を見据えて」となります。言い換えれば、それ以外の中途半端なエリアで高額物件に手を出すのは、自身が気に入って住み続けるならかまいませんが、資産価値の維持や向上を狙うには得策ではありません。

今後は東京でさえ、これまで経験してきた一方的な右肩上がりの社会ではなくなります。都心部のなかでも成長する街、取り残される街に階層格差がついていくのがこれからの日本であり、東京なのです。

ヴィンテージマンション

「ヴィンテージ（vintage）」は「古くて価値の高いもの、年代もの」などを意味し、質の高い年代もののワインなどに使われる表現です。ファッション業界では、デニムや古着などで価値の高いものを「ヴィンテージもの」などと言います。このヴィンテージという表現が、最近ではマンションにも使われるようになりました。

ヴィンテージマンションとは、具体的にどのようなものなのでしょうか。

不動産データ調査会社の東京カンテイは２０１６年5月、ヴィンテージマンションを次のように定義しました。

・築10年以上（2015年12月31日時点）
・住宅地に立地（住居用途地域、近隣商業地域を含む）
・専有部平均面積が100㎡前後
・物件から発生する中古流通事例の90％以上が坪あたり300万円以上

本書が取り扱っている超高額マンションと比べると、8年前の定義とはいえ、価格が低く感じますが、それだけここ数年のマーケットの変貌は激しいのです。

同社の調査によれば、当時のヴィンテージマンションの中古流通平均坪単価の上位30件は、いずれも東京都心部および周辺に位置する行政区でした。行政区別ではもっとも多い港区が15件、渋谷区6件、千代田区6件と、3区で全体の90％を占めています。

換言すれば、「ヴィンテージマンションとは時代を経ても価値が減じることなく維持、または上昇する希少性の高いマンション」となります。マンションは建物が経年劣化しますが、その劣化分を補って余りある価値を持つのがヴィンテージマンションです。なお、私が考えるヴィンテージマンションは次のようなものです。

①立地グレード
②築30年以上
③建物デザイン、建材・内装材の質
④敷地内および周辺環境
⑤建物管理（メンテナンス、設備更新）
⑥住民の質

①立地については東京カンテイの指摘通りで、東京で言えば港区、渋谷区、千代田区であることは超高額マンションの分布を見ても明らかです。建物はやはり、ある程度の年数が経ったもののほうが地域に根差した落ち着いた佇(たたず)まいになるように感じます。ここでは、②築30年以上としました。
③建物デザインや建装材は、個別性がきわめて高くなります。外装や内装にお金を

かければよいというものではありませんが、高品質でデザイン性に優れた部材を使った建物であることが求められます。また、④敷地にゆとりがあって緑が多く、周辺環境が閑静なことも条件になるでしょう。

高品質な建物であっても、経年劣化します。ですので、⑤劣化を極力抑えたメンテナンスや時代に応じて進化する設備を適宜更新していくことも、マンションの価値を保つうえでとても大切なことです。

最後はやはり、⑥住民の質になります。昨今タワマン内で高層部の住民による低層部住民へのマウント取りなど、にわかには信じがたい話を耳にしますが、ヴィンテージマンションの住民は生活のゆとりや、ゆとりから生じるおおらかさのようなものを感じます。

このように、ヴィンテージマンションは①から⑥までの要素を兼ね備えるがゆえに、価値が落ちにくいのです。不動産価格はどうしても景気に影響を受けます。しかしヴィンテージマンションの多くは、一時的に価格が下がっても下がり幅が小さく、不動産価格の上昇期には大きく吹き上がる性質があります。その意味では、ヴィンテージマンションを中長期で所有するメリットは大きく、居住するにも投資するにも価値が高いと言えるでしょう。

歪な、日本の衛星都市

天空を彩る星には、３つの種類があります。まず、太陽のように自ら輝く恒星です。次に、十分な質量を持ち、恒星の周辺を公転する惑星です。太陽系では水星、金星、地球、火星、木星、土星、天王星、海王星になります。そして、惑星の周囲を公転する衛星です。代表的なものは、地球の周囲を公転する月です。惑星は恒星に従い、衛星は惑星に従っています。

日本で衛星都市という概念が広まったのは、戦後から高度成長期です。大都市圏に人口が集まるなか、人々は大都市郊外に居を構えるようになり、新たな街が形成されていきました。また、産業の中心が第３次産業化するにしたがい、大都市中心部にある企業に従業員が通勤するスタイルが一般化し、都市中心部につながる鉄道沿線を中心に、衛星都市が形作られていきました。

衛星都市とは本来、中心となる大都市と関係を持ちつつ、そのうちの一部の機能や役割を果たす街のことを指します。ところが日本では、多くの衛星都市は住民が毎朝毎夕、大都市に通勤するための街、すなわち「寝るだけの街（ベッドタウン）」の役割しか果たせずにきました。

ターミナル駅のなかには、周辺に百貨店、ホテル、近隣企業が集まるオフィスなどを構えたところもありましたが、街独自の産業は少ないために平日の昼間人口は少なく、週末に「家族サービス」と称された、親子連れが買物をして、ファミリーレストランなどで食事をするのがせいぜいでした。住民も住民票があるだけで、地元住民との関係性は薄く、市長の名前を知らない人たちが大半を占めました。これが、衛星都市の典型的な姿です。

際立つ街間格差

衛星都市間で格差が生じ始めたのは、多くの街で住民の高齢化が始まった2000年代後半です。

大都市に通っていた会社員の多くは、会社という組織のなかでは有能であっても、その能力に独自性はおろか汎用性（はんようせい）もなく、また地域とのつながりも希薄だったことから、定年退職後は社会や地域に貢献できず、あるいはしようとせず、生活のための消費を続けるだけの存在になりました。生産活動をしない人が増えると、街の成長は限定的となります。

また、平均寿命の延びは、相続という家族の大イベントを遠のかせ、衛星都市で育った子供たちは夫婦共働きのライフスタイルの変化を背景に、都市中心部に流出しました。住民の新陳代謝（しんちんたいしゃ）は進まず、結果として衛星都市で活気を保ち続けるところは減り、駅前にあった百貨店は撤退し、商業店舗の衰退が目立つようになりました。

東京や大阪など大都市だけが生活基盤になるにつけ、大都市に依存してきた衛星都市は、「寝るだけの街（ベッドタウン）」から「寝たきりの街（ナーシングタウン）」になったのです。

この現象は、首都圏郊外部でも顕著になっています。たとえば、三浦（みうら）半島の中心部に位置し、台地を切り開いてニュータウン開発を行なった神奈川県横須賀（よこすか）市は、かつて人口40万人を誇り、東京に通うビジネスパーソンで賑わいました。しかし、ここで育った子供たちは、丘陵地帯にあって平地が少なく、駅からバス便となる街に戻ることなく、市外へ流出しました。そのため人口減少が続き、今や40万人を切るに至っています。【図表27】

【図表27】横須賀市、藤沢市の人口推移

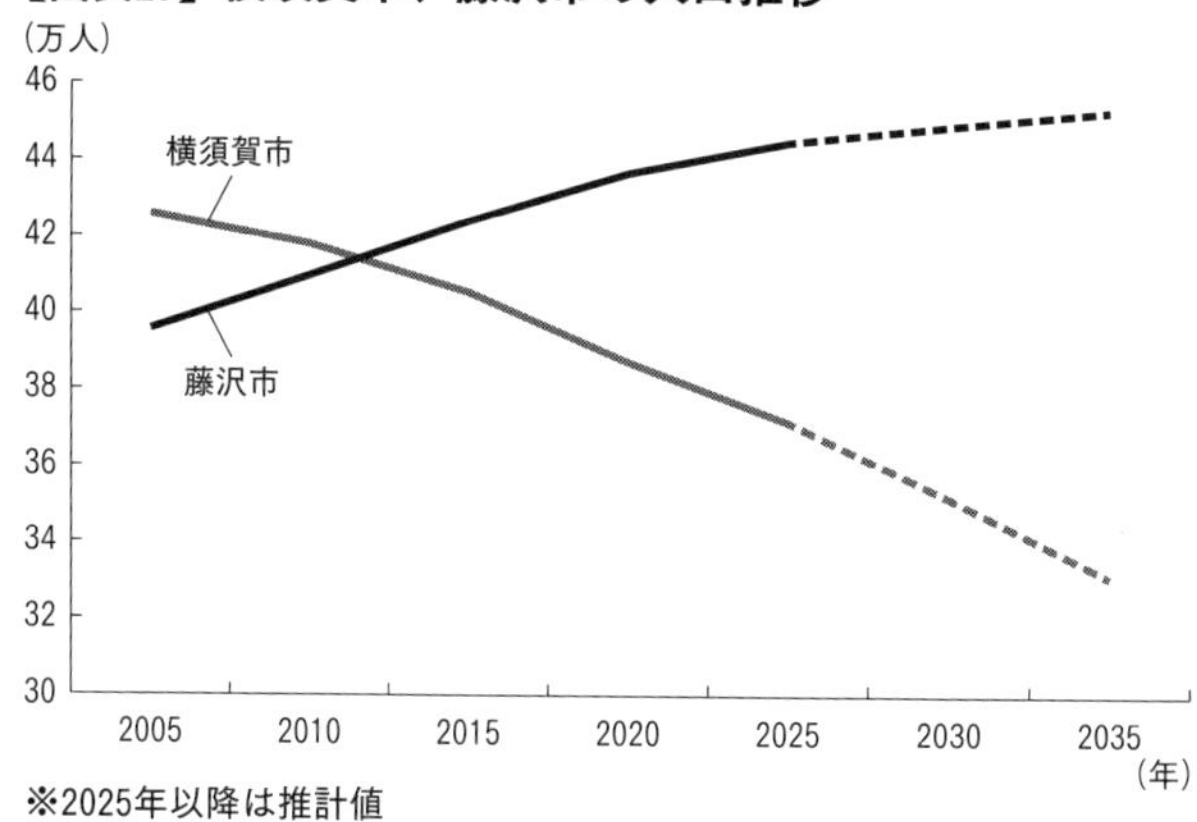

出所:横須賀市、藤沢市

いっぽう、同じ県内でも藤沢市は湘南の中心的な都市として成長を続けています。東海道線や小田急線で横浜や東京につながる交通利便性に加え、海と太陽をテーマにした湘南ブランドが浸透。北部に大企業の工場を多く抱え、市財政も豊かです。

東海道線辻堂駅前の複合開発ではオフィス、ショッピングモール、マンションなどが整備され、人気の街となっています。実際、ＳＵＵＭＯが２０１９年に発表した「住民に愛されている街」ランキングでは、1位の片瀬江ノ島を筆頭に、鵠沼(8位)、鵠沼海岸(10位)、湘南海岸公園(26位)など、市内各エリアがランクインしています。

神奈川県内では藤沢市や茅ケ崎市が人を

集めるのに対して、横須賀市や小田原市のように人口減少、高齢化に悩むところがあり、明暗が分かれつつあります。

横須賀市には米軍基地、小田原市には小田原城と城下町など、それぞれ立派なコンテンツがあるのですが、街の特徴が生活に結びついていないため、「海」「太陽」を見事にブランド化して食品や物販に加え、観光を振興して明るく開放的なイメージを作り上げた藤沢市や茅ケ崎市との差は開くいっぽうです。

これからの衛星都市は東京一極集中により、住民が流出するなか、自らが輝いて人を呼び込むことを行なわない限り、街としての発展は望めません。そうです。衛星から脱皮して惑星に、そして自らが輝く恒星都市への脱皮が求められるのです。こうした脱皮、成長を繰り返す街にあるマンションの価値は上昇していくと考えられます。

ベッドタウンの没落

都心部のマンションが高騰を続けるなか、安価なマンションがあることをご存じでしょうか。

人口の集中が進んだ首都圏でも、すこし目を移すと、まったく異なる光景が見えてきます。メディアで、新築マンションの高騰やそれに引きずられた中古マンションの高騰が強調されるいっぽう、マンション1戸が車1台分の価格で買えてしまうエリアも広がっています。

このように言うと、東京から遠く離れた地域を想像されるかもしれませんが、たとえば千葉県の我孫子市、松戸市、船橋市などです。これらは、いずれも代表的な東京のベッドタウンで、「千葉都民」などと言われた住民たちで構成されてきました。

ところが昨今、住民の高齢化と都心居住が進み、この街で育った子供たちも戻らないことから、戸建てはもちろん、マンションの資産性が下落しています。JR各駅周辺はまだしも、「駅から徒歩15分以上」「駅までバス便」「私鉄の支線に乗り継ぐ」などのエリアでは、築年数40年を超えるマンションになると、中古売り出し価格で50㎡前後の2DK～3DKが軒並み数百万円程度です。

大型団地になると、かなりの部屋が売りに出されているため、さらに価格は下がる傾向にあります。住民の多くが70代以上になり、なかには高齢者施設に入居するため、相続が発生するなどして、空き家化しているものもあります。

ベッドタウンは役割を終えると、街に人を惹きつける力を喪失します。そして、住む理由を失ったマンションは、マーケットでの価値を失います。

もちろん、築40年以上経過したマンションを建て替える動きもあり、国も区分所有法を改正して建て替えを促進する方向に舵を切っていますが、管理組合での建て替え議案に対する議決割合を緩和したところで、高齢者ばかりで年金収入に頼る住民が多いところでは建て替えはおろか、大規模修繕にも手がつけられません。

結論としては、中途半端なエリアにある中古マンションに資産価値の維持はほぼ期待できません。「住み潰そう」という考えで購入する選択肢もなくはないでしょうが、老朽化したマンションでの設備の修繕や更新を考えると、長い期間住み続けるリスクも考慮しなければなりません。つまり、価格が安いからという理由だけで物件を取得するのは賢明な選択とは言えないのです。

これからの時代、郊外のベッドタウンは、前項で述べたようにエリアコンテンツが明確で人を集めることができる一部の都市を除いて、復権を期待できません。親が住んでいる場合でも相続が起こると、まったく流動化できないお荷物=負動産になる可能性があります。

マンションの怖いところは、住んでいなくても毎月の管理費や修繕積立金がかかることです。そのため最近では、相続した老朽マンションを「登記しない」「管理組合に届け出ない」「管理費や修繕積立金を払い込まない」事例が続発しています。真面目に自分だけ修繕積立金を支払っても、マンションは区分所有者全員で価値を維持していく建物ですから、全員が同じ方向を向いていない限り、修繕すらできないのです。

近い将来、多くのマンションで、嫌な表現ですが「スラム化」の問題が避けて通れなくなるかもしれません。修繕はもちろん管理すらされずに、ゴミにあふれ、空き家と化した部屋に正体不明の人物が住むような状態です。

1970年代から1980年代、郊外にできた団地型マンションはビジネスパーソンの憧れでした。しかし月日が経ち、新陳代謝が行なわれなくなった街にあるこれらのマンションは、たった1代でその役割を終えようとしています。

人々の価値観は時代によって変遷します。今、皆が良いと思っていることも、時代の進展によっては逆になることもあります。建物という「永遠に変わらない」ものではないマンションという住まいの行く末を、郊外ベッドタウンに佇むマンション群に見ることができるのです。

注目は地方4市

大都市圏郊外のマンションの多くで資産価値が失われるなら、地方都市も同様かと言えば、そうとも言い切れません。例外があります。それは、最近メディアなどで頻繁に登場する「地方4市」です。

地方4市は、札幌市、仙台市（宮城県）、広島市、福岡市を指します。いずれも、北海道、東北、中国、九州地方最大の都市であり、各地域の政治・経済・文化の中心になっています。人口は２０２３年10月時点で、札幌市１９５万８０００人、仙台１０９万８０００人、広島市１１８万５０００人、福岡市１６４万３０００人と、すべて１００万人を超えています。

最近、この地方4市に周辺から人口流入することが顕著になっています。多くの人が、地方都市郊外部や中山間地域から、地域の代表的な都市に移動を始めているのです。この現象を「コンパクト化」と言います。

これまで、地方都市は第2次産業、つまり製造業の工場などを誘致することに熱心でした。１９６０年代には全国13の都市が新産業都市に指定され、原材料を仕入れ製品化して輸出する産業基盤が形成されました。ところが現在、産業構造は第３次産業中心となり、工場は次々にアジア諸国などに移転。工場労働者は減少し、サービス業を中心とした企業が集まる地方都市に人が集まるようになったのです。

第２次安倍政権が本格稼働した２０１４年以降、地価の上昇が顕著になりました。通常、経済活動が弱まると、地価は連動して下がる傾向にあります。経済の停滞は人の活動を消極的にさせ、人の動きが乏しくなると不動産の売買、賃貸借などの経済活動が低迷するからです。

しかし、２０１４年以降の地方４市の地価動向（対前年増減率）を公示地価ベースで見ると、地方４市の地価上昇率は、東京都区部・大阪市・名古屋市を上回っています。コロナ禍によって地価が下落した２０２１年においても、地方４市は増加率こそ低減したもののプラスを保ち、２０２３年の公示地価においては住宅地で対前年比８・６％、商業地で同８・１％という高い上昇率を示すに至っています。【図表28】【図表29】

団塊世代をはじめ、１９６０年代から１９８０年代前半に地方から大都市圏に流出した人々の多くは、企業などで働いて家族を持ち、地方に戻ることなく住宅を買い求め、定住した人たちです。

いっぽう地方に残った人たちは、激しい人口減少のなか、次第に地域内で比較的大きな街に集住するようになりました。少子化の影響で子供も少なくなり、また日本経済の低迷で大都市圏にも職が少なく、都市への人口集中がもたらす弊害が指摘されるなか、生活費の高い東京を避け、身近な都会を選好する動きです。

地方4市は、こうしたニーズを受け入れるのに適当な規模と都会的要素を備え、「東京や大阪に行かなくても」十分に満足できる生活環境を整えた街として認識されたのです。また、オフィスワークが中心の第3次産業が産業の中心になるにつれ、地方の中心都市で働くスタイルが主流になったことも、地方4市への収斂を後押ししました。

地方4市の成長は、地方におけるマンション需要を牽引しています。市内では市街地再開発事業によるタワマンの建設も多く、マンション価格が上昇を続けています。また、こうした状況を先取りしようと、投資マネーの流入も激しくなっています。とはいえ、これらの都市も、あと20年ほどすると若年人口の減少による衰退が始まることが予想されています。

それでは、4つの都市について具体的に見てみましょう。

【図表28】住宅地の地価推移

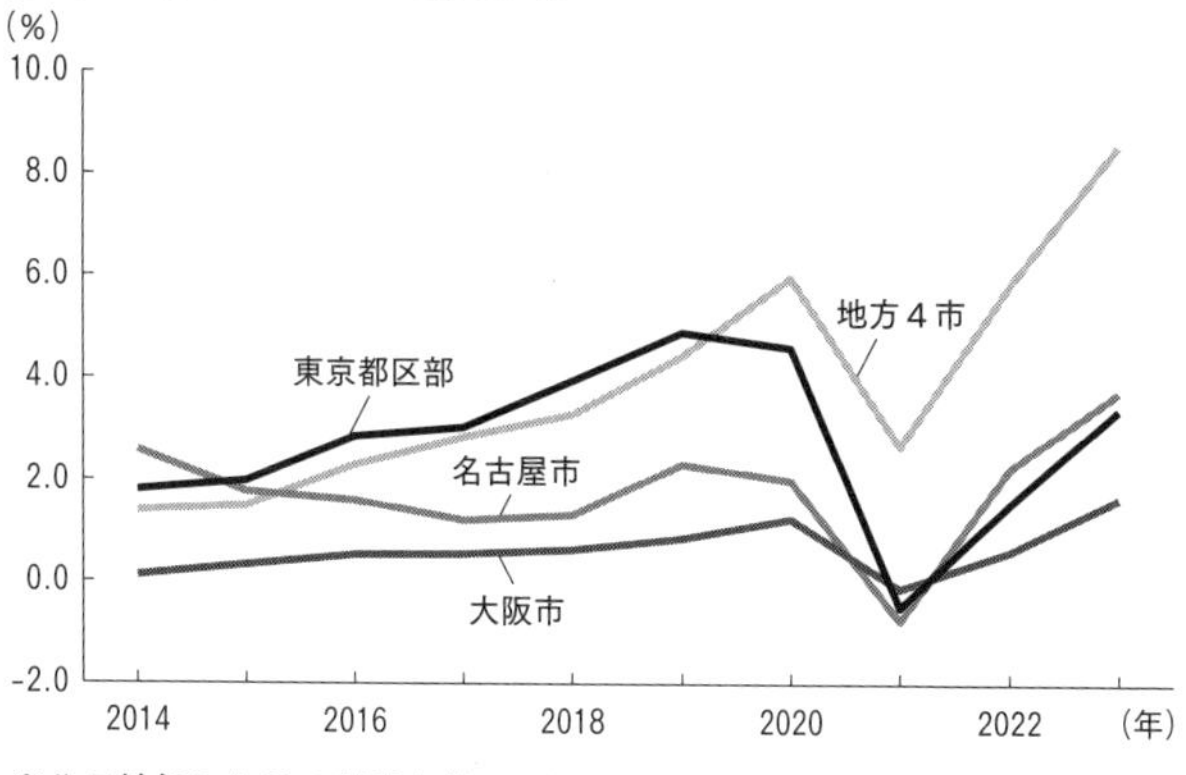

※公示地価における対前年比

出所：国土交通省の資料をもとにオラガ総研作成

【図表29】商業地の地価推移

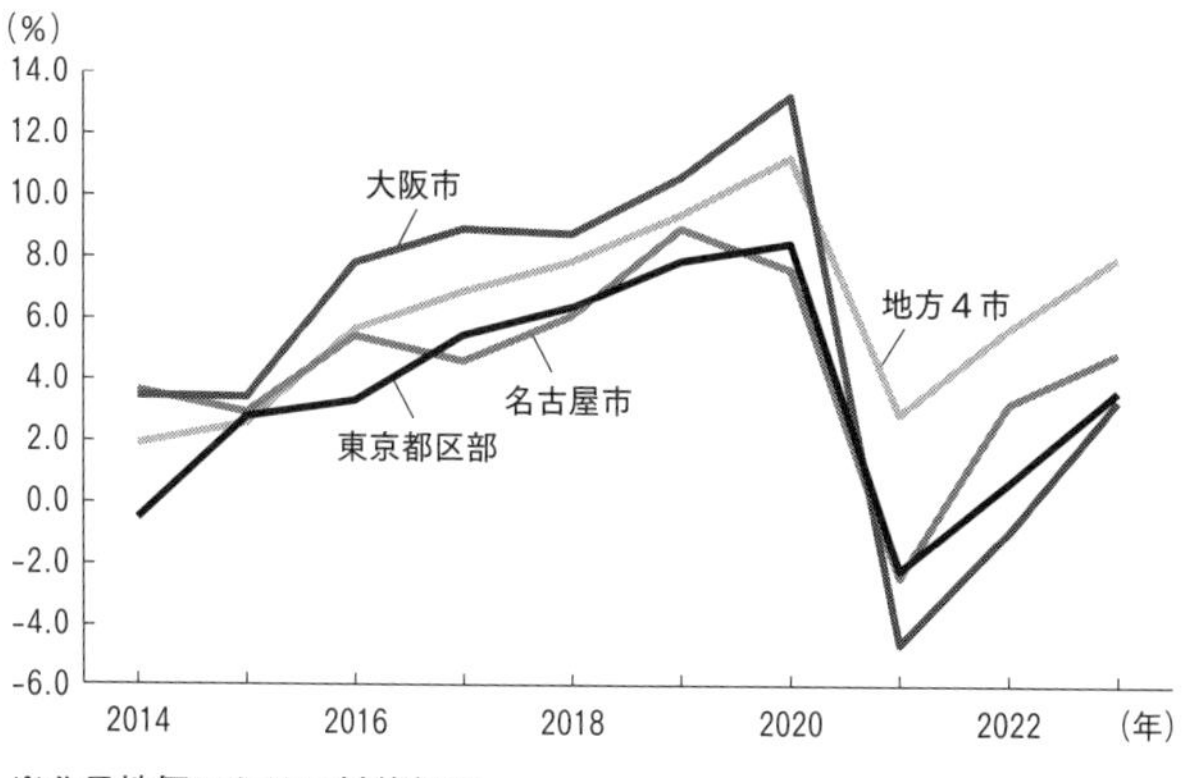

※公示地価における対前年比

出所：国土交通省の資料をもとにオラガ総研作成

札幌市

札幌市の人口は196万人（2023年10月時点。以下3市同じ）。1980年には140万人あまりでしたから、約1・4倍になっています。しかし、国立社会保障・人口問題研究所の調べによれば、2045年には180万人に減少することが見込まれています。とりわけ、若年人口（14歳以下の人口）の減少が著しく、2045年には全体の9・2％まで低下。生産年齢人口（15歳以上65歳未満の人口）は、地方4市のなかで最低の51・1％まで縮小します。高齢化が進むわけです。

社会動態（人口移動）、すなわち人の出入り（ではいり）はどうでしょうか。総務省住民基本台帳にもとづく人口移動報告によれば、コロナ禍前の2019年（以下3市同じ）は転入者6万3894人に対して転出者5万4082人と、9812人の社会増となっています。札幌市は、北海道内から幅広く人を集めることに成功しているのです。

基準地価（2023年。以下3市同じ）は、中央区で坪単価322万7327円と、対前年比で13・01％もの上昇を見せています。札幌市のビジネス地区におけるオフィスビル空室率は2023年10月時点で2・75％と低水準を示し、中央区など市内中心部ではオフィスが払底状態にあります。また、市内ではアフターコロナで増加が予想される観光需要を当て込み、ホテル用地などを物色する動きも目立っています。

住宅地も、市内全域で地価が高騰しています。これは北広島（きたひろしま）市や江別（えべつ）市にも波及しており、2023年公示地価において、住宅地地価値上がりランキング上位100地点をすべて北海道の市町村が独占したことでも話題になりました。

こうした動きは、札幌市が北海道内から人を吸収し続けている限りにおいて、継続していくものと考えられます。

仙台市

仙台市の地価は2011年の東日本大震災後に大幅に下がりましたが、2014年をボトムに、上昇傾向を強めています。実際、市内の基準地価は平均で坪単価107万1148円、対前年比で7・43%と大幅に上昇しています。青葉（あおば）区では坪単価204万5298円にもなります（対前年比6・64%の上昇）。

仙台市の人口は109万人ですが、2045年には92万2000人と16%減少することが見込まれています。社会動態は、転入者4万3137人に対して転出者4万1788人、1349人の社会増です。この要因は東北地方全体の衰退と、それにともなう仙台市への人口集中と考えられます。

札幌市と同じく、若年人口の割合は現在の12・5%から2045年には9・2%まで落ち込むことも予想されています。さらに、オフィス空室率は5・49%と高く、インバウンド集客も4市のなかでもっとも少なくなっています。つまり、商業系の発展には限界があることが見て取れます。

また東日本全体が、今後は激しい高齢化の波に襲われることなどを考えると、仙台市でのマンション需要の高騰には限界があるように思われます。

広島市

広島市は人口118万人、現時点(2023年11月)では地方4市のなかで若年人口の割合がもっとも高い12・8%を占めています。2045年の人口推計は112万2000人と、5・0%ほどの減少にとどまるとの見方が出ているのも、若年層の割合が大きいことに起因しています。

社会動態は、転入者3万7293人に対し転出者3万8513人と、若干ではありますが社会減(しゃかいげん)(転出超過)になっています。若者が比較的多いが、移動も少ない「現状維持」の都市と言えるかもしれません。

中国地方は瀬戸内海沿岸に中小規模の街が数珠つなぎに並び、それぞれが大企業の工場などを擁するなど、企業城下町の色彩が強い地域です。したがって、人口が広島市に集中するコンパクト化を過度に期待することには無理があります。

ただ今後は、世界遺産の厳島神社（広島県廿日市市）など瀬戸内海沿岸が一大観光ゾーンとなる可能性が高いだけに、不動産には明るい材料の多い都市です。

基準地価は、平均で坪単価82万1949円、対前年比で2・28％の小幅な伸びにとどまっています。地方4市のなかでは伸び率が低いものの、若年人口の滞留を含め、マンション需要は手堅く推移するものと思われます。

福岡市

福岡市の価値を大いに高めたのが、2011年3月に博多・鹿児島間が開通した九州新幹線です。以来、人口が福岡市に集中しました。この傾向はしばらく続くものと思われます。実際、福岡市の人口は164万人、2035年までは順調に増加することが予想され、地方4市のなかでは唯一成長する都市に位置づけられます。

基準地価は、平均で190万1624円、対前年比9・41％と大幅な伸びとなっています。中央区や博多区などの商業地では、対前年比で10〜13％の高い上昇を記録しています。その要因は、福岡市の好調な経済です。福岡市は地政学的にも発展著しいアジアに近く、東京に行くよりも上海のほうが近い位置にあります。

福岡市は、街の中心部の博多地区で「天神（てんじん）ビッグバン」構想を立ち上げ、エリア内で新築される建物は容積率を最大で400％割り増すなど、老朽化したビルの建て替えなどを積極的に支援しています。市内ビジネス地区におけるオフィスビル空室率は5・78％とやや高いものの、今後はアジア企業のニーズも見込めるなど、明るい条件がそろっています。

福岡市の強みは、都市全体が常に新陳代謝していることです。社会動態では、転入者7万6560人に対して転出者が6万8369人、8191人の社会増を記録しています。人の出入りが多いということは、住宅などの不動産がよく流通していることを物語ります。福岡市は住宅系、商業系共に不動産が成長する可能性が高いと言えるでしょう。

　このように、地方4市は各エリアのナンバーワン都市として、コンパクト化が進む日本における数少ない成長エリアとして注目されています。4市のなかでは、福岡市が総合的に見てもっともバランスが良く、今後の成長性が期待できます。3大都市圏の不動産価格上昇を背景に、地方4市でも値上がりが顕著になってきましたが、福岡市や札幌市のマンション需要は当面堅調が続くと見られ、超高額マンションへの需要も一定の割合で見込まれると私は考えています。

　ここまで考察してきておわかりのように、これからの時代、マンションを購入するには「都心」「恒星都市」「地方4市」がキーワードになります。これらの場所であれば近々（きんきん）、資産価値が大きく減じることはないでしょう。次章では、購入したマンションの資産価値を維持する条件についてご説明します。

第5章 マンションの本当の資産価値とは？

タワマンのリアル

お客様との面談で、東京の江東区豊洲のタワマンにうかがう機会がありました。

このタワマンを事前に調査したところ、数年前の販売時の平均価格は坪単価450万円、上層階で専有面積100㎡を超すプレミアム物件になると、坪単価は600万円を超えていました。1戸あたり、優に2億円を超えます。中層階、低層階でも20坪(66㎡)で9000万円前後ですから、一般国民には手が届きません。

さて、現場にすこし早めについて周囲を実査しました。豊洲近辺はかつてIHI(石川島播磨重工業)のドックなどがあり、古くからの街並みが形成されているわけではありません。緑も少なく、見方によっては人工的でやや殺風景に見えます。

世間では海が近く、「ウォーターフロント」などと礼賛されますが、しょせん借景にすぎませんし、きれいとは言えない海で泳げるわけでもありません。潮風(しおかぜ)は防ぎようがないため、建物寿命などに影響が出ます。

タワマンの近くにあるのが、いかにも取って付けたような公園、それも潮風の影響でひしゃげたような樹木が多いです。ショッピングモールは大手流通企業や不動産会社が運営する、どこにでも見られるような店舗ばかり。その店舗に並ぶ商品も、通勤が主体となる生活を反映してか、生活必需品が中心です。

災害もちょっと心配です。埋立地では大地震が発生すると津波はもちろん、建物自体の安全性は確保されても、周辺土地の液状化が起こることは、かつての東日本大震災発生時において証明済みです。エレベーターが停止して40階まで階段の上り下りで死にそうになった、ゲリラ豪雨による洪水で電気室が浸水した……などなどタワマンにまつわる危険性の指摘は枚挙に暇（いとま）がありません。

また、上層階と低層階の住民格差などが題材になった「タワマン文学」まで、巷（ちまた）には蔓延しています。このように、湾岸エリアを居住環境として考えると、お世辞にも優良とは言いがたいものがあります。それでも、売れ行きは好調のようです。なぜでしょうか。

タワマンは永住のための住居ではない!?

私は時折（ときおり）、お客様からタワマン購入についての相談をいただきます。私のアドバイスは、一貫して「お買い求めになるのでしたら、数年で売却しましょう」です。なぜなら、タワマンは長く住み続ける住宅ではなく、「金融商品」と考えたほうがよいと思っているからです。

金融商品は買ったら、どこかで必ず売らねばなりません。投資の世界では、これを「ＥＸＩＴ（出口）」と言います。金融商品への投資は、買った価格、所持している間の運用益、売却（ＥＸＩＴ）した時の価格で決まります。タワマンを金融商品に置き換えると、タワマンを買う意味が鮮明になります。

私が訪ねた豊洲のマンションを例に考えてみましょう。数年前に分譲された時の販売価格は前述のように、平均の坪単価は４５０万円でした。現在売りに出されている中古販売価格を見ると、坪単価５００万円～１０００万円になっています。住戸面積にもよりますが、売却すれば数千万円～１億円以上の売却益が期待できます。

調べを進めるうちに、このタワマンのいくつかの住戸は、買ったオーナーによって賃貸に供（きょう）されていることもわかりました。たとえば、もっとも狭い住戸は13坪（40㎡強）で月額25万円程度（坪単価１万９０００円）、上層階の広い住戸は32坪（１００㎡強）で同75万円程度（坪単価２万３０００円）でした。

管理費（月額）は１㎡あたり４００円、修繕積立金が同１００円ですから、両方合わせて狭い住戸で２万２０００円、広い住戸で５万３０００円くらいの負担になります。これらの費用（投資信託で言えば信託報酬のようなものです）を賃料から差し引いた利回りで見ると、狭い住戸で年間約４％程度、広い住戸で３・５％程度となります。ただし、この計算の前提は常に借り手がいる、つまり稼働していることが条件になります。

さて結論です。このタワマンという金融商品は運用利回りで税引き前３・５～４％、ここ10数年続いてきた超低金利時代を思えば十分に高い利回りと言えます。また数年間運用したあと、出口価格が２～６割強も値上がりが期待できるのは、投資商品としてはすばらしい性能ということになります。また、この商品を運用せずに自らが住む住宅として資金調達をしていれば、賃貸収益は得られないものの、購入にあたって住宅ローン金利が適用されますので、金利はさらに低く、税制上の恩典も合わせてアツモリ状態になっているはずです。

この商品のメリットはこれだけではありません。相続に悩むあなたにもぴったりです。第2章で行なったように、シミュレーションをしてみましょう。

このタワマンの23坪（76㎡）の住戸を1億円で買うとします。1億円の内訳は仮に土地７０００万円、建物（区分所有部分）３０００万円としましょう。土地は路線価評価ですが、このエリアは1㎡あたり56万円でした。この住戸の土地所有面積は20㎡（約6坪）ほどですから、土地評価は1100万円。建物は固定資産税評価額で約2000万円。土地と建物を合わせた評価額は3100万円となります。現金で1億円を持っていたら、額面通りに課税されますが、相続税の計算の基となる評価額が7割も圧縮されたわけです（マンション相続評価改正前。後述）。

もっと圧縮したければ、この商品を買う際に借入金で調達します。借入金額は評価額から差し引くことができるので、1億円全部を借入金にすれば、何と相続評価額はマイナス、つまり税金フリーということになります。相続後は、タワマンは右肩上がりで価格が上がっていますから、相続人である妻や子供たちが売却すると多額の売却益を享受できます。

ですから、住み心地がイマイチだとか、住戸から見る夜景などすぐに飽きるなどということは二の次であり、災害が起こったところで建物自体が大丈夫なら、この金融商品はお買い得ということになります。買えるものならぜひ買っておこう。これが、タワマン購入の結論です。

タワマンを拵えるデベロッパーやゼネコンは、こうしたからくりを熟知しています。すなわち、自分たちは金融商品を作っているのであって、豪華な共用部ロビーなどしょせんお飾りだし、フィットネスルームやキッチンスタジアムなどは賑やかしにすぎないということを。

買う人たちに買うための理由さえあればよく、マーケットで値上がりが続いている限り、販売には何の問題もありません。彼らは売れてしまえば仕事としておしまいです。顧客が買ったその先には興味を抱く必要もないし、実際、気にもしていません。

タワマンのリスク

しかし、うまいことばかりが続く金融商品など存在しないことは、聡明な人であれば気づくでしょう。

まず、この商品は当然ながら、元本保証（がんぽんほしょう）ではありません。また、売却価格が相場に左右されるのは株式と同じでありながら、株式のように即日で売却（利確（りかく）または損切（そんぎ）り）できるほどの流動性はありません。相場が悪くなると一斉に売りに出されるのは株式と同じですが、商品単価が高いため売りづらいのです。

つまり相場が下がり始めると、あれよあれよと下がっていくのを呆然と見つめることしかできません。さらに、この商品は年数（築年数）を経過すると、どんどん劣化していきます。建物は古くなり修繕費用が嵩みますし、周囲に新しい建物（商品）がたくさん出てくるため競合が激化し、当初の「レアもの感」はすぐに失われます。

このように、タワマンの商品価値を維持するのは意外と難儀なのです。また自分が住んでいれば、保有期間中の運用益は得られないうえに、管理費と修繕積立金という投資信託であれば信託報酬的な費用は毎月かかります。

さらに、相続での節税効果については次項で詳述しますが、税務当局が一定の制限を設けるようになりましたし、今後さらに規制が強化されるリスクも内包しています。そもそも、この節税効果には所有者である被相続人本人が死ななければ享受できないという、まったくもって理不尽な条件が前提になっています。

金融商品は、金利の変化に敏感です。株式もそうですが、思い切りレバレッジ（借入金による取得）を利かせすぎると、いざ相場が下がり始めた時に対応できなくなる危険性が増します。しかも、不動産は株式より流動性が低いため、金利上昇はつらい仕打ちとなってしまいます。

確かに、タワマンは今までかなり高いパフォーマンスを示してきたので、得をした人が多いのは事実です。しかし、どの金融商品もそうですが、これまでの成功がこれからの成功を約束するものではありません。ましてや、タワマンを金融商品と思わずに買ってしまった、つまりずっと住み続けようとして、しかも過酷なレバレッジをかけて夫婦ペアローンを組むという、人生を金融機関に売り渡してしまったようなパワーカップルがいたとしたら、その未来はとてつもなく不透明なものと言わざるを得ません。

もう一度言います。タワマンは金融商品として扱いましょう。運用期間10年程度の金融商品ですから、金融情勢や社会の変化に対して敏感に反応して期間内で運用する、適切なタイミングで「売り抜ける」ことが肝要となります。逆に言えば、「住居」として周辺環境や住民同士のいざこざなどを意識することなく、「商品」として冷静に儲かるタイミングだけを見ていればよいということになります。身も蓋もない言い方ですが、これがタワマンのリアルな姿です。

２０２４年の税制改革の衝撃

ここまで何度か触れてきたタワマンによる相続税の節税効果、これが税制改正によって封じ込められることになると言われています。順を追ってご説明します。
最初に問題となったのが、タワマンにおける固定資産税負担の問題です。不動産を所有するとかかる税金の代表的なものは、固定資産税、都市計画税、相続税です。このうち固定資産税は土地と建物に対して課せられるものです。分譲マンションの多くは、土地は敷地権の共有、建物は区分所有となっており、土地部分の固定資産税は敷地全体の固定資産税評価額を持分割合で、建物は区分所有面積に共用部面積を持分に応じて按分したものを加えた部分に対して課税されます。

第2章でも触れましたが、マンションは戸建て住宅に比べて土地が高度利用されているため、戸あたりの土地所有面積は小さくなります。特にタワマンがそうで、たとえ敷地面積が4000坪でも住戸が1000戸なら、戸あたりの土地所有面積は単純計算で4坪になります。さらに、タワマンなどの超高層マンションは上層部ほど実勢価格が高くなるため、上層部の住戸は実勢価格と税務上の評価額の乖離が大きくなります。

これでは税の公平性が保てないとして行なわれたのが、2017年の税制改正です。具体的には、階層によって評価額に差をつけることで、評価額を調整しました。

その結果、高層部の住戸の固定資産税は中・低層部の住戸よりも高くなりました。

この改正にとどまらず、さらに相続発生時点での相続税評価額にもメスを入れたのが今回の改正（２０２４年1月1日の相続から適用）です。

相続税評価額の計算は、土地は路線価、建物は固定資産税評価額によります。路線価はおおむね公示価格の８割相当です。固定資産税評価額が７割相当なので、路線価はやや高めに設定されていますが、昨今のように不動産価格が急上昇している場合、実勢価格との乖離は必然的に大きくなります。

ここで問題となったのが、タワマンに代表されるマンションです。国税庁の資料には東京、福岡、広島の実例が掲載されています。

たとえば、都内の43階建てタワマンの23階67・17㎡の住戸の場合、実勢価格１億１９００万円に対し、相続税評価額は３７２０万円。何と実勢価格は相続税評価額の３・２倍にもなります。ここから相続税を計算します。相続人が子供１人とすると、課税価格は１２００万円になります。もし相続財産がこのマンションだけだとすると、相続税は基礎控除（３０００万円＋６００万円×法定相続人数）３６００万円を引くと、わずか12万円（税率10％）です。

同資料では、福岡のマンション（築22年、9階建ての9階部分、78・2㎡）の実勢価格との乖離が2・36倍、広島のマンション（築6年、10階建ての8階部分、71・59㎡）で2・34倍などと実例を示しながら、相続税評価額が実勢価格と乖離していることを説明しています。

ちなみに、全国のマンションの平均乖離率は2・34倍と言われています。つまり、実勢価格1億円のマンションの評価額は4273万円（1億円÷2・34）になるわけです。タワマンに限らず、マンションは現金よりもはるかに税負担が少ないことは、この計算を見ても明らかです。

そこで、今回の改正では、実勢価格との乖離率が1・67倍以上になる場合においては、「相続税評価額×乖離率×0・6」で評価することになりました。つまり、いったん実勢価格に調整してから0・6をかけるわけですが、これには一応の理屈がありまず。戸建てにおける平均乖離率は1・66倍だからです。戸建ての乖離率と同水準ならオーケー、それ以上の場合は実勢価格に戻してから、戸建てと同様の調整をかけることで（1÷1・66≒0・6）、戸建てとの格差を是正するということです。

なお、この改正はタワマンだけではなく、マンションはすべてが該当します。

超高額マンションの節税効果は失われたか

今回の税制改正で困惑したのは、実勢価格と評価額の乖離に着眼して相続税対策を行なってきた富裕層です。彼らにとって、まさに「寝耳に水」だったでしょう。

前項で挙げた都内43階建てのタワマンの23階の例にあてはめてみます。まず乖離率は３・２倍ですから、相続税評価額は３７２０万円×３・２×０・６＝７１４２万円になります。ここから基礎控除３６００万円を引いた３５４２万円が、相続税課税対象額になります。そして３５４２万円に税率（20％）をかけ、控除額である２００万円を引いた５０８万円が相続税額です。さきほどの12万円と比べると、金額にして４９６万円、42倍もの大増税ということになります。

「親が死んでも税金は大丈夫」と思っていた相続予定の人たち（息子や娘）には計算外であり、相続税対策のやり直しを迫られる世帯が急増することが予想されます。

実は、今回の改正のきっかけになったと言われているのが、２０２２年に最高裁で判決があった、札幌市内のマンション２棟の相続評価額を巡って相続人と税務署が争った事例です。

これはタワマンではありませんが、相続対策を考えた相続人が13億円強の価格で賃貸マンション2棟を父親名義で買い、相続が生じた際に評価額3億3000万円で評価。さらに購入の際に調達したローン額を控除して、相続税を激減させました。これに対し、税務署はその評価が実勢価格とかけ離れているとして12億円強の評価を新たに行ない、課税を主張しました。税務署の対応に不服を唱えた原告が、最高裁まで上告したがゆえに大きな話題となり、今回の評価の見直しにつながったとされています。

業界では、今回の改正を受けて相続対策で購入する人が激減し、タワマンに代表される超高額マンションの売れ行きに影響が出るのではないか、と今後を心配する声が上がっています。

しかし、以前ほど大きな節税効果が得られなくなったのは事実ですが、それでもマンションの相続評価は実勢価格の約6割ですから、同じ額を現金で保有する場合に比べて、相続税支払いがはるかに安くなることに変わりはありません。

これまでの手法を言わば悪用して節税対策として喧伝してしまった一部業界関係者の責任こそ問われてしかるべきですが、そのことをもってしてマンション節税の効能が変わることはないのです。

複合型マンションの価値

最近は、第3章で紹介した市街地再開発事業に代表されるような、用途を1つに限らない、オフィスと住居（マンション）、あるいは商業施設、ホテル、公共施設などを併設した複合型の建物が多くなっています。

よくあるのが駅前などで開発されるもので、低層部は商業施設や公共施設、中層部はオフィス、高層部はマンションで構成される複合型マンションです。

市街地再開発事業では、地権者が駅前商店街などの店舗オーナーであることが多いため、彼らの権利分（土地建物の不動産価値）の床を低層部などに確保して、そのまま商売を続けたり貸店舗として運用できるようにしたりします。容積割り増し部分については、保留床部分としてデベロッパーなどが買い受けて、中層部や高層部にオフィスやマンションなどを構えます。

オフィスにするかマンションにするか、はたまた両方の用途を実現するか。これは建物の規模、保留床を引き受けるデベロッパーの方針によります。そのまま保有して賃貸オフィスや賃貸マンションにするか、分譲マンションとしてすべてを販売するかは、保留床を買う彼らが判断するのです。

マンションにする場合、通常は分譲マンションとなります。賃貸マンションは運用と管理に手間がかかるからです。また、市街地再開発事業は土地の高度利用を目的としているため、その多くは超高層の建物が建設されます。これをマンションにすれば、タワマンとして周辺相場よりも高く売れることも分譲マンションにする動機になっています。

市街地再開発事業の結果、ＪＲ駅前、私鉄ターミナル駅前などにタワマンが林立し、高額で分譲されるようになっていることはすでに述べた通りです。では、こうして提供された複合型マンションには価値があるのでしょうか。

まず、立地は申し分ありません。多くの市街地再開発事業は駅前商店街などの再整理が目的のため、最寄り駅まで近く、交通利便性は良いと言えます。また、高層建物ですから見晴らしもよく、資産性は高いと考えられます。

ただし、資産価値の観点からは注意しなければならない点がいくつかあります。

第1に、建物の動線です。建物内は、商業店舗で買物をする人の動線、店舗に商品などを運び込む業者の動線、マンション住民の動線など、複雑になります。ここにオフィスや公共施設なども同居すると、動線はさらに複雑になり、出入りする人の階層もオフィスワーカー、住民、業者など多岐にわたります。さまざまな人たちが出入りするということは、警備の負荷も増えます。

第2に、複数の用途が同居することで共用部などが傷む、汚れるなどの問題が発生します。低層部の店舗で生鮮食料品などを扱うと、搬出入時に廊下が汚れたり、台車が壁や扉にぶつかることで、傷ができたりしやすくなります。

第3に、これらの用途が1つの建物の低層部から高層部にかけて同居することから、建物運用の形が歪になり、床を利用するにあたっての有効率（床に対して使える部分の面積割合）が悪くなります。また各用途の設備が混在するため、メンテナンスや更新が複雑になり、管理コストが余計にかかってきます。

第4に、低層部の店舗が景気の悪化や店舗オーナーの高齢化などで閉店し、空き店舗になると、建物としての見栄えや建物内環境の悪化につながります。

第5に、建物の修繕計画でマンション所有者と商業店舗オーナーの意見が合わずに、適切な修繕を施せないケースがあることです。建物を中長期にわたって健全な状態に保つには、事前の計画にもとづいて着実に実施する必要がありますが、互いの利益に齟齬があると、総論賛成・各論反対のような事態になりやすいのです。

したがって、複合開発で分譲されたマンションの価値は、これらの懸念事項をどれだけクリアできるかにかかってきます。一言で言えば、マンション管理だけでなく、商業施設やオフィスなどを含めた建物全体のマネジメント力が問われるのです。

これは逆に考えると、同居する商業施設やオフィスなどが繁盛し、多くの人たちが出入りする建物になり、優れた運営・管理によって、常に最新かつ高感度なテナントを呼ぶことができるようになれば、住人たちのプライドも刺激され、建物全体の価値は自ずと上がってくることになります。

実は、複合型マンションは以前から存在していました。市街地内や大型の団地などで1、2階に店舗があり、その上が住居になっているものがそれです。業界では、これを「下駄履きマンション」と称していますが、中古マーケットではあまり高く評価されませんでした。理由はやはり低層部の店舗が廃れる、建物の管理や修繕を巡って意見が対立するなどで、建物全体の資産性が保たれないからです。

ですから、複合型マンションの資産価値は、同居する商業施設やオフィスがマンションの資産価値の中長期にわたる維持・向上に貢献できるかの見極めが重要になるののです。モデルルームに目が眩み、同居人である他用途施設の確認が疎かになると、のちのち、とんだ思惑違いになる可能性があることに留意しましょう。

価値ある中古マンションを見極める

「新築マンションが高騰していて、とても手が出ません。どうしたらよいでしょうか」。最近よく受ける相談です。

日本人は新築マンション信仰が強いと言われています。確かに、新築マンションの清潔さ、新鮮さは心地よいものがあります。購入したばかりの新車の、独特の匂いに高揚感を覚えるのと同じです（もちろん嫌いな人もいますが）。

しかし「住む」ことだけを考えれば、新築でなければならない理由はありません。前の住民が過ごしたことで付いた多少の汚れは、クリーニングやリニューアルを行なうことで、築年数がそれほど経っていなければ、ほぼ新築同様の佇まいにすることが可能です。新築のお仕着せのデザインから、自分好みの仕様に設え直すことだって容易いはずです。

新築マンションは高すぎて買えないから中古マンションで我慢する——。まずは、この発想を捨てましょう。実は、マンションは中古こそ「買い」なのです。ご説明しましょう。

新築マンションでは時折、建物の不具合が発覚します。建物の構造計算書を偽装して世を震撼させた姉歯事件、建物の杭が地盤に到達していなかった横浜のマンション傾き事件などは記憶に残っていることと思います。

アメリカでは、新築の住宅は戸建てもマンションもあまり人気がありません。以前、テレビ番組でご一緒したテレビ・プロデューサーのデーブ・スペクターさんから、

「どうして日本人はみんな、新築住宅を買うの？」と聞かれことがあります。

彼に、なぜ中古が良いのかと問い返すと、

「新築の建物だと、どこに問題があるかわからないでしょう。でも、中古ならだいたい新築時の不具合が出尽くしているから安心です。アメリカで中古住宅が好まれるのは、それが理由です」

と言われました。

もっともな理由だと思います。私もマンションを買いたい人には、「築7〜8年程度のマンションを選びましょう」とアドバイスしています。建物竣工後一定期間が経過

すると建物の不具合はおおむね出尽くし、必要な修繕が施される、あるいは特定されるからです。

中古マンションの利点

また、最近のように建設費が高騰すると、マンションの製造コストが大幅に上がり、販売価格が上昇します。デベロッパーのコストも上昇していますから、彼らが上乗せする利益分も上がり、販売価格はさらに高くなります。。

いっぽう、中古マンションはすでに完成した建物ですので、昨今の建設費の高騰とは無関係です。また、購入の際に仲介手数料がかかりますが、法律で売買価格の３％が上限とされており、新築マンションでのデベロッパーの取る利潤（20～30％）よりもはるかに低い水準です。つまり中古マンションは、余計なコストがかかっていない「相場」で買うことができるのです。

また、建設費が高騰すると、デベロッパーは自分たちの利益を削らずに、コストを抑えようとします。具体的には、専有面積を小さくする、キッチンやユニットバスなどの住設機器のグレードを下げる、壁クロス・窓ガラス・サッシなどをチープなものに変更するなど、苦肉の策を打ち出します。さらに、目に見えない部分でもコスト削減に励みます。

私が、ある街で偶然に建築中のマンション現場の前を通りがかった時のこと、業界でも名の通ったブランドのマンションで、外壁工事を行なっていました。最近のマンションはタイルをその場で打ち付けるのではなく、事前に工場で張り付けたボードを外壁に張るのですが、その様子を見て、驚愕しました。「う、うすい!」と、思わず独り言をしてしまうほど「うすうす」のタイルだったからです。施工技術が向上して、薄いタイル壁の製造・施工ができるようになったのでしょうが、地震で歪むのではないか、台風などの風雨の影響でタイルの劣化が進むのではないかと心配になりました。

ハード面ばかりではありません。第4章で触れたヴィンテージマンションの条件⑥「住民の質」を見極めることも、中古マンションなら簡単にできます。具体的には、管理組合総会の議事録などを取り寄せる、過去の建物修繕履歴をチェックする、管理費や修繕積立金の滞納状況を把握することで住民の質を推測できますし、同時に、建物の思わぬ問題も判明したりします。

業界には「景気の良い時に建設した中古マンションを買え」との格言があります。

景気の良い時期は、十分なコストと余裕のある工期で造られるため、外装にも内装にも十分にお金をかけているからです。

新築時点で、同じエリアの他の物件よりも高価格だったマンションも狙い目です。コストをかけたぶん、販売価格も高く設定されていたのでしょうが、中古になれば相場で買うことができます。また、ターゲットとするマンションの新築時から現在までの相場と、同じエリアの相場を比較すれば、資産価値を推し量ることができます。

新築マンションはデザインはもちろん、建物も設備もすべてが新しいため、見た目はとてもよく映ります。しかし、奇抜なデザインや、ただ流行を追いかけただけのものは〝賞味期限〟も早いと言われます。いっぽう、シンプルで落ち着いたデザインはある程度、築年数が経っても古びることはありません。ヴィンテージマンションの条件③「建物デザイン、建材・内装材の質」ですね。

このように、中古マンションは、自分の目でハードもソフトも資産価値も確かめたうえで、希望する住戸を相対で取得交渉できますから、資産としても、住むにあたっても、満足度の高い買物になる可能性が高いのです。

マンションの資産価値を維持する条件

マンションの資産価値を維持するには、どのような条件が必要でしょうか。

私たちはつい、メディアなどで特集される「マンション値上がり率ランキング」などに目が行きがちです。しかし、そのような瞬間風速として金銭的価値以外の、居住・所有することで得られる効用価値こそ、結局は中長期的な資産価値の維持・向上につながると、私はこれまでの経験から確信しています。

マンションの資産価値を保つためによく言われるのが、マンション管理会社のグレードです。なるべく大手の管理会社を選べ、などと言われますが、忘れてはならないのは管理する主体は、管理会社ではなく管理組合であることです。

管理会社は組合が提示した管理項目を忠実に実行することが業務であり、大手の管理会社だからといって、コストのかかる管理をリーズナブルに実施してくれるわけではありません。大手なら提案能力があるだろうなどとの思い込みから、あらぬ期待をしがちですが、余計なことは口出ししないのが管理会社の鉄則です。

新築時に計画・設定されたメニューを繰り返し実行することが大切であると考えがちですが、数年経って不要になったサービスはやめる、必要なサービスと入れ替えるなどの判断は組合がしなければなりません。

特に超高額マンションになると、管理会社による「ひと」の手を借りたサービスが売りになっています。しかし「ひと」の手を借りることは、そのぶんコストがかかることを意味するわけで、AIなどの機能を有効に使って管理コストを抑えていくことも、これからの時代には有効でしょう。

修理・修繕も重要です。良いマンションほど、マンション内の設備機器を適切な時期に修繕し、新しいものに更新しています。更新する際に重要なのは、今までとまったく同じ設備に入れ替えるだけでなく、その時点で必要な機能を見極めて、時代に即した設備機器に更新していくことです。

その際にも、組合内で管理会社を使いこなしながら、適時に適切な資料を提出させ、よく議論をしたうえで更新することで、資産価値を維持していくことができます。

マンション住民のなかには、マンションは各住戸の独立性が高く、他の住民と接触しないことをよしとする、間違った考え方をしている人が少なくありません。

「間違った」と表現したのは、良いマンションほどマンション内のコミュニケーションが活発だからです。その例として、東京の新宿区三栄町（さんえいちょう）にある、日本初の民間分譲マンション「四谷（よつや）コーポラス」の建て替え時のエピソードを紹介しましょう。

　現行法では、建て替えには区分所有者の5分の4の賛成をもって決議されることになっているのですが、四谷コーポラスでも決議にあたって、組合内で相当の議論が交（か）わされたそうです。しかし、全員が建て替えに向かって舵を切れたのは、「所有者のほとんどが顔見知りだった」からでした。築60年が経過するなか、代替わりしていても、相続した息子、娘たちは幼い頃にマンション内で遊び、住民と顔見知りだったため、多少の意見の違いがあっても乗り切れたそうです。

　マンションの資産価値と言うとハード面、すなわち建物価値ばかりに目が行きがちですが、そのなかに住む住民（所有者）というソフト面も重要です。四谷コーポラスでは住民たちが互いをよく知り、無理なこと・無駄なことを主張しないコミュニティを作り上げていました。言わば、住民価値とも呼べるものが高いレベルで機能していたわけで、私は感銘を受けました。

　超高額マンションのなかには、購入者が入居にあたって組合と面接し、組合幹部の承諾を受けなくてはならないところもあります。これは、ともすると差別のように受け取られるかもしれませんが、そうではありません。

マンションは区分所有建物です。これは、区分を所有する「ひと」が勝手に行動できるという意味ではありません。所有者＝住民全員が同じ目的を持ち、目的に資する住み方をしていくことが大切です。

どんなに建物が優れていても、そのなかに住む「ひと」が常識に欠ける、品がない、資産を大切にしないならば、そのマンションは資産価値が高いとは言えません。そのような価値観を共有できない「ひと」を、そこで暮らす「ひと」が排除する行為は正当化されるものだと考えます。マンションが「ひと」によって成り立っていることの証左とも言えましょう。

住民によるコミュニティがきちんと形成され、建物設備、管理ソフト、住民などが健全に新陳代謝を繰り返していくことが、マンションの資産価値を維持・向上させていく条件なのです。

マンションの「買い時」とは？

最初にお断わりしておきますが、私は、住まいとしてマンションを買うことに反対ではありません。

また、「持ち家と賃貸ではどっちが有利か」という質問をよくいただきます。その際に私が、所有する場合の注意点を詳しく述べるようにしているからか、世間では私を「賃貸派」にしているようですが、賃貸が絶対に有利であるとは述べていませんし、持ち家を否定するつもりもありません。

私は、住宅は「買いたい」と思った時が「買い時」だと考えています。ただ、目の前の損得勘定で買うのではなく、自身の人生のなかで「買い時」を見極めて買うことが大事だと説いています。

それでは「買い時」とはいつのことでしょうか。よく言われるのが、結婚した時、または子供ができた時に、手狭になったそれまでの住宅から新居に引っ越す時です。住宅は生活拠点ですから、自身の環境が変わる時点で決断することは悪くないと思います。ただ、必ずしも「買う」という選択に縛られる必要はないと考えます。

一部の富裕層は別として、住宅を買うには住宅ローンによる資金調達が前提になります。一度ローンを組めば、毎月の元利金（元金＋利子）返済が伸しかかります。しかも長期間にわたる返済になるので、自身の経済状況が今後も十分に見通せる状態になければ不安が残ります。

重要なのは、無理をしないことです。不安要素が多ければ、世の中のムードとは関係なく、もうすこし賃貸に住み続ける選択をすることです。どうしても買いたい場合、私はアドバイスとして、毎月の返済額だけを見るのではなく、金利分も入れた借入期間中の返済総額を見て、自分の人生のなかで確実に返済できる確信を持つことを説いています。

若い頃に住宅を買うことは、早く資産を手に入れ、のちの人生が楽になると考えがちですが、いっぽうで今の人生を変えたいと思う時が来ても、ローン返済が足枷（あしかせ）になって踏み切れなくなります。実際、私はそのような人を大勢見てきました。

これからの時代は、1つの会社に定年まで勤め上げる人生モデルだけではありません。ローンに縛られて、転職など人生の大切なステージで決断を躊躇（ちゅうちょ）することがないようにすべきです。

日本人の〝さもしい〟家選び

私の祖父は実業家で、それなりの資産を築いた人でしたが、長らく、東京の千代田区一番町（いちばんちょう）の借家住まいでした。祖父が中央区の1LDKのマンションを買ったのはリタイア後。すでに祖母は亡くなっており、気楽な1人暮らしができるマンションを買ったのです。祖父にとっての買い時は、仕事から完全に離れた時だったのです。

「家族のために広い住宅を買いたい」と言う人がいますが、長い人生のなかで子育ての時間は、それほど長くはありません。しかも、最近は少子化により、子供1人の家庭が主流です。子供に部屋を与える期間はせいぜい10~15年程度です。その期間のために、大きな住宅を多額のローンを組んで返済に追われるのは、必ずしも賢（かしこ）い選択とは言えないように思うのです。

第2章で紹介したように、最近では、郊外の一軒家に住んでいたビジネスパーソンが、定年退職後に自宅を売却して、駅近のマンションに買い替える事例が増えています。子供たちが育って家を出たために部屋が余り、維持・管理が大変になって、コンパクトなマンション住まいを選んだのです。これも、立派な「買い時」です。

俗に、アメリカ人は家を4回買い替えると言われています。新婚時は2人で過ごす小さなマンションを、子供が生まれる頃には郊外のタウンハウスに、子供が小学校に通う頃には郊外のすこし広めの一軒家に、子供が大学生になる頃には老後を過ごすのに良い環境にある小さな一軒家に買い替えるのです。

アメリカ人は人生を合理的に考える傾向がありますが、確かに人生における住宅の「買い時」は、複数回あるように感じます。必要に応じて、その時点でベストな住宅を使い倒していく考え方になれば、住宅選びももっと自由になるのではないでしょうか。

日本人は「家＝資産、財産」という考え方にとらわれすぎているように思います。これは、日本人の多くが農民だった頃の名残りかもしれません。土地を耕して農業を行なう、そのためには土地と家は絶対に必要な財産であり、一度自分のものにしたら手放すことなく、そこで生活を続ける。このテーゼに縛られてきたのです。

家を資産だと思えば思うほど、資産価値はいくらなのか、という考えにとらわれます。そうして、自分が住んでいるマンションの中古価格を気にしたり、値上がりするマンションを買うことが目的化したりします。

しかし、住宅は住むためのものであって、カネ儲けをするためのものではありません。自身のライフステージに応じて、その時・その場に最適な住宅を、「賃貸」であろうが、「所有」であろうが選べばよいのです。そうした意味で、日本人の家選びほど、さもしいものはないように思えます。

私は不動産投資のアドバイザーとしても活動していますが、投資の世界はとても厳しいものです。多くの知見とマーケットに対する見通し、リスクの検証とそのヘッジなど、複雑な考察を経て行ないます。

確かに、ここ10年近くにわたった金融緩和で、結果的に含み益を得たマンション所有者は多数います。しかし私から見れば、それは偶然の結果にすぎません。しかも自宅の場合は売却益をいくら出したところで、買い替えたなら、値上がりした簿価の高い住宅にバランスシートが入れ替わっただけです。

これからの家選びは、自身のライフステージを熟考して、その時にベストな居住環境を享受できる住宅を無理のない資金計画で買う、無理なら賃借する。そうすることで新しい生活を手に入れていただきたいと思います。

マンションプラウド

マンションという居住形態は1953年、東京・渋谷の宮益坂に誕生した「宮益坂ビルディング」を手始めに、今や694万戸（2022年末）にもおよぶ巨大な住宅ストックを形成しています。

昭和の時代、「賃貸アパート→社宅→分譲マンション→郊外一戸建て」という住宅すごろくが信奉され、マンションの位置づけは戸建て住宅を買う前の仮住まいの要素が強く、建物も設備仕様も、団地に毛の生(は)えた程度のものと言われました。

しかし、地価が大幅に上昇した平成バブル期になると、一戸建て住宅は高嶺(たかね)の花となります。１９８０年代後半、東急田園都市線沿線の戸建て住宅はテレビドラマの舞台になるなど、ビジネスパーソンにとって憧れの住宅地となるいっぽう、高額となった戸建て住宅に手が届かない人たちは積極的にマンションを選択するようになり、マンションに対して高い品質を求めるようになりました。

当時、私が勤務していた三井不動産はマンションのグレードに応じて、パークホームズ、パークハイム、パークコート、パークマンションなどのブランドを設定していました。立地、建物、設備仕様でグレード分類を行なうことで、ランク付けをしたのです。このうち、パークマンションは超高級ブランドとして年に１、２棟程度の希少なマンションとして位置づけられていました。

平成以降、マンションの設備仕様は大幅に進化し、この頃からマンションに「永住する」ことが喧伝されるようになります。

マンションの高額化を促進した、もう１つの要素が都心居住です。日本人のライフスタイルが大きく変容したのが、１９９７年の男女雇用機会均等法の改正です。夫婦共働きが当たり前になり、男女による労働時間や休日の考え方が一律になることで、夫婦共に都心の会社に通いやすいことから、都心居住のニーズが急速に膨らむのです。

これを支援したのが大都市法の改正です。都心部の容積率を大幅に緩和し、高層の建物が建設しやすくなったのです。いっぽうで産業構造の転換により、都市部湾岸エリアなどにあった工場の多くがアジアに移転し、その跡地にタワマンが立ち並ぶようになりました。

都心に建設されたマンションは次第に高級仕様となり、都心に住むことの価値を打ち出すようになりました。もはやマンションは、かつての住宅すごろくの「あがり」の一歩手前ではなく、物件によっては富の象徴となったのです。

こうした概念は、東日本大震災をはじめ、自然災害が頻発し始めた２０１０年代以降、さらに進化し、マンションは防災機能を強化すると共に高度な防犯機能を備え、安心・安全を追求していきました。さらにマンションに住むことの価値を高めるために共用施設の充実、コンシェルジュなどによるサービス機能を付加していくのです。

それらマンションの住民は、エリアで一番のマンションに住んでいること、そのマンションのなかでも最上階に住んでいることを誇りに思い、周囲から羨望（せんぼう）のまなざしを向けられることに、何物にも代えがたい喜び、プラウドを感じるようになりました。私は、これを「マンションプラウド」と呼んでいます。

デベロッパーもプラウドを醸成するために、外装や内装の高級化・高品質化を推し進め、有名俳優を使ったコマーシャルを流し、自社マンションのブランド化を促進しました。あたかも自社マンションに住むことが毎日、晴れの舞台に立っているかのようなシーンを繰り返し流して、そこに住むことの喜びを表現したのです。

マンション選びから、街選びへ

しかし、これからの時代は外装や内装、各種サービスを含めた建物の高級さだけでなく、マンションがある街やエリアに住民がプラウドを感じられることが必要になると、私は考えています。

マンションはどれほど綿密な管理を行ない、必要な修繕を施しても、経年劣化は避けられませんし、時の流れと共に、他の新築マンションとの比較で劣位にならざるを得ません。建物が劣化しても資産価値を維持・向上させるのは、マンションが建っている土地の価値です。古びた建物であっても、それが東京の青山、赤坂、六本木などにあれば、ヴィンテージマンションとして評価されるのは、土地の持つブランド力によるところが大きいのです。

ニュータウンの多くは1代限りの住宅ばかりで、ゴーストタウン化しました。それは、そこに住み育った子供たちに、街から出ていかない・戻ってくる理由を与えられなかったことに問題があるのです。

では、今話題となっている東京都中央区豊洲や神奈川県川崎市武蔵小杉のタワマン所有者のうち、どれだけの人が街を愛で、代々この地で暮らしていこうと考えているでしょうか。

残念なことに豊洲や武蔵小杉に限らず、一部エリアのタワマンは投資対象とされ、代々住み続けることなど露ほども考えない人たちが多いのが実情です。彼らには街やエリアに浸かってこれを育てていくという気概に欠け、住民との関係性も希薄です。値上がり益を狙う、半分投資家のような住民たちで構成された街は、各人にお金があってプライドが漲っていても、街そのものの魅力につながらないように思います。

私は、湘南エリアに住んで4半世紀が過ぎました。住んできて感じるのが、地元ではお金が儲かったという話をトンと聞かないことです。コロナ禍以降、湘南エリアの戸建て住宅やマンションはかなり値上がりしました。しかし、住民たちの多くはこの地を愛で、この地に住むことの喜びを満喫しており、値上がりしたからと言って、あわてて売却活動に走る人は稀です。

　また、この地で育った子供たちは進学や就職でいったん離れても、ふたたび戻ってきて住むことが、ごく普通の事象になっています。代々住んでいる人も多く、生活にも考え方にも余裕のある人が多いのです。

　彼らが体現しているのは「街プラウド」です。自分の家がいくら値上がりしようとも泰然として、休日には海岸に出て、波穏やかな相模湾を眺め、さんさんと降り注ぐ太陽を浴びています。この幸せは何物にも代えがたく、そして誰にも渡したくないのでしょう。

　このような街プライド、エリアプライドが多くの地域で醸成されるようになれば、人々の住宅の資産価値に対する考え方も複眼的になり、より多様な社会が形成されるようになると、私は期待しています。

おわりに――三極化する日本社会と、今後の住宅

日本にはかつて分厚い中間層が存在しました。所得の開きが少なく、みんなが同じスタートラインに立ち、公平に競争をしてきました。日本人の多くは戦後、廃墟のなかから立ち上がり、裸一貫で再スタートを切りました。人々は今日よりも明日、明日よりも明後日が豊かになると信じて、共に学び、共に働いてきたのです。

しかし戦後80年を迎えようとするなか、日本社会は大きく変容しました。約80年間でおよそ3世代が働き、現在は4世代目が生まれ、学校で学び始めています。

結果として、成功する人・失敗する人に分かれ、急速に資産を増やした人が出現するいっぽう、「親ガチャ」とまで呼ばれるように、成育環境に恵まれず、まったく資産を持たない人の子供が、生まれてきた境遇を愚痴る時代になりました。生まれた時から「よーい、どん！」ではなく、大きな格差を背負って生きていかなければならない人たちが出現しているのです。

高度成長期から平成初期にかけて、みんなが家を持つことが目標となり、国の住宅政策がこれを後押ししました。ところが現在、住宅は各世帯に行き渡り、各世帯にお

いておよそ2代にわたって相続が発生するなかで、資産の偏在が顕著になってきています。

確かに、日本は世界一相続税率が高い国です。そうであっても、引き継がれる財産をすべて税金で持っていかれるわけではありません。その結果として富(とみ)の偏在が生じ、多くの富裕層が形成されるに至っています。

いっぽうで、ここ30年間にわたって日本経済は低迷を続け、未だに回復への道筋が見えない状況にあります。終身雇用が当たり前であった日本の企業で非正規雇用が跋扈(ばっこ)し、大企業は新たな投資に怯(おび)え、内部留保を貯め込み、社員の待遇を抑え込んできました。

その結果、満足な所得も得られず、社会保険料すらまともに納めることのできない働き手が増えました。特に就職氷河期と言われた世代はこれから50代・60代となり、よほどの専門的な能力を備えていない限り、今後、復活・成功を遂げるチャンスは少なく、もらえる年金額は微々(びび)たるものになるでしょう。

また経済全体の低迷下、生き残りに必死の大企業の陰で、行き場を失う中小企業が続出しています。中小企業で働く社員たちは、今後も給料が上がる見込みは少なく、定年退職後も何らかの仕事に就かない限り、乏しい年金だけでは生きていくことが難しい時代になっています。

このように、分厚かったはずの中間層の多くが、将来に希望が持てない貧困層へとずるずると落ちていき、中間層のうちの一部が必死に富裕層という天へと、蜘蛛(くも)の糸を手繰(たぐ)っているのが日本の現状です。

世間ではよく、こうした事態を日本人の二極化などと言います。しかし私は、日本社会は二極化と言うよりも三極化、つまり「富裕層」と「貧困層」に分離されるのではなく、本人が意識しているか・いないかは別として「チャレンジ層」とでも言うべき人たちが存在していると感じています。

チャレンジ層とは、たとえば大企業で働いている人たちです。彼らはある程度の給与が保証され、労働法に守られて急に解雇される恐れも少ない、チャレンジしているかどうかは別として安定したフロー所得が見込めるなか、何とか生き延びられる人たちです。

これに加えて、積極的に富裕層へと伸し上がろうとしている人たちがいます。国際弁護士、経営コンサルタントといった特殊能力・技能を武器に、ひたすら稼ぎを膨らましていこうとする人たちです。子供たちがユーチューバーに憧れるのも、その表れと言えるのかもしれません。

住宅は生活する人たちのインフラです。ここ30年ほどの日本社会の変容を考えるに、マンションをはじめとした住宅の供給は今後、潤沢な金融資産などを礎（いしずえ）として膨張する富裕層と、富裕層の仲間入りを狙うチャレンジ層の一部を対象とするようになると思われます。

では、中間層から転落する人々にとって、住宅は遠い存在になるのでしょうか。答は「否（いな）」です。幸いなことに、日本には「住む」という目的を果たすためならすでに十分な住宅ストックが存在します。現在、空き家数は全国で848万戸にもおよんでいます。空き家と言うと、ゴミ屋敷化した家、傾いた家などを想像しますが、その約半数は耐震性があって駅から歩ける範囲に建つ家です。さらに、今後の大量相続時代の到来により、多くのエリアで、マンションを含めた住宅の価格は今よりもずっとリーズナブルになるでしょう。あまり悲観的になる必要はないのです。

本書が扱ってきた超高額マンションは今後、どのような進化を遂げるでしょうか。金融環境が変化していくなか、超高額マンションはさまざまな影響を受けながらも、今後も成長を続けるものと思われます。古今東西、超高額な住宅を求め、愛でる人たちは常に存在するからです。そうした意味で、これからどんな度肝(どぎも)を抜くような物件が出てくるか、楽しみでもあります。

他方、日本社会が変化するなか、日本人の住宅に対する価値観はかなり変わるように思います。それは、住宅を消費財として見る価値観です。そうなれば、後代(こうだい)に残すに値(あたい)しない、大量に製造・販売された住宅は価値を失い、社会では「除け者(のけもの)」扱いされるようになるかもしれません。

自分が「好きな時」に「好きな場所」で「好きなこと」をする社会になればなるほど、これまでの住宅に抱き続けてきた日本人の価値観は徐々に都市伝説化され、少数のブランド立地の超高額マンションと、一部の金融商品化したタワマンをはじめとする投資物件だけが、時代の波に翻弄(ほんろう)されながら、その立ち位置を保っていくでしょう。

多くの人たちが、住宅の資産価値という幻想に縛られることなく、自ら稼いだお金を、仕事の能力を磨いたり、教養を身につけたり、得がたい体験をしたりするなど、豊かな人生のために使う日が早くに訪れることを願って、筆を擱(お)くことにします。

切りとり線

★読者のみなさまにお願い

この本をお読みになって、どんな感想をお持ちでしょうか。祥伝社のホームページから書評をお送りいただけたら、ありがたく存じます。今後の企画の参考にさせていただきます。また、次ページの原稿用紙を切り取り、左記まで郵送していただいても結構です。

お寄せいただいた書評は、ご了解のうえ新聞・雑誌などを通じて紹介させていただくこともあります。採用の場合は、特製図書カードを差しあげます。

なお、ご記入いただいたお名前、ご住所、ご連絡先等は、書評紹介の事前了解、謝礼のお届け以外の目的で利用することはありません。また、それらの情報を6カ月を越えて保管することもありません。

〒101-8701（お手紙は郵便番号だけで届きます）
祥伝社　新書編集部
電話03（3265）2310
祥伝社ブックレビュー　www.shodensha.co.jp/bookreview

★本書の購買動機（媒体名、あるいは○をつけてください）

＿＿＿＿新聞の広告を見て	＿＿＿＿誌の広告を見て	＿＿＿＿の書評を見て	＿＿＿＿の Web を見て	書店で見かけて	知人のすすめで

★100字書評……なぜマンションは高騰しているのか

名前

住所

年齢

職業

牧野知弘　まきの・ともひろ

東京大学経済学部卒業。ボストンコンサルティンググループなどを経て、三井不動産に勤務。その後、J-REIT（不動産投資信託）執行役員、運用会社代表取締役を経て独立。現在は、オラガ総研代表取締役としてホテルなどの不動産プロデュース業を展開。また全国渡り鳥生活倶楽部を設立し、代表取締役を兼務。著書に『不動産の未来』（朝日新書）、『負動産地獄』（文春新書）、『2030年の東京』（河合雅司氏との共著）『空き家問題』『ここまで変わる！家の買い方 街の選び方』（いずれも祥伝社新書）など。

なぜマンションは高騰（こうとう）しているのか

牧野知弘（まきの ともひろ）

2024年3月10日　初版第1刷発行

発行者……………辻 浩明
発行所……………祥伝社しょうでんしゃ
〒101-8701　東京都千代田区神田神保町3-3
電話　03(3265)2081(販売部)
電話　03(3265)2310(編集部)
電話　03(3265)3622(業務部)
ホームページ　www.shodensha.co.jp

装丁者……………盛川和洋
印刷所……………萩原印刷
製本所……………ナショナル製本

Printed in Japan　ISBN978-4-396-11695-8　C0233

〈祥伝社新書〉
経済を知る

498
総合商社 その「強さ」と、日本企業の「次」を探る
なぜ日本にだけ存在し、生き残ることができたのか。最強のビジネスモデルを解説
専修大学教授 **田中隆之**

650
なぜ信用金庫は生き残るのか
激変する金融業界を徹底取材。生き残る企業のヒントがここに！
日刊工業新聞社千葉支局長 **鳥羽田継之**

625
カルトブランディング 顧客を熱狂させる技法
グローバル企業が取り入れる新しいブランディング手法を徹底解説
マーケティングコンサルタント **田中森士**

636
世界を変える5つのテクノロジー SDGs、ESGの最前線
2030年を生き抜く企業のサステナブル戦略を徹底解説
ベンチャー投資家・京都大学経営管理大学院客員教授 **山本康正**

660
なぜ日本企業はゲームチェンジャーになれないのか
――イノベーションの興亡と未来
山本康正

〈祥伝社新書〉
令和・日本を読み解く

683
闇バイト 凶悪化する若者のリアル
犯罪社会学の専門家が当事者を取材。身近に潜む脅威を明らかにする
犯罪社会学者 廣末 登

622
老後レス社会 死ぬまで働かないと生活できない時代
「一億総活躍」の過酷な現実と悲惨な未来を描出する
朝日新聞特別取材班

676
どうする財源 貨幣論で読み解く税と財政の仕組み
「日本は財政破綻しませんし、増税の必要もありません。なぜなら——」
評論家 中野剛志

666
スタグフレーション 生活を直撃する経済危機
賃金が上がらず、物価だけが上昇するなか、いかにして生活を守るか
経済評論家 加谷珪一

652
2030年の東京
『未来の年表』著者と『空き家問題』著者が徹底対談。近未来を可視化する
作家、ジャーナリスト 河合雅司
不動産事業プロデューサー 牧野知弘

〈祥伝社新書〉
不動産から日本経済を読み解く

228
なぜ、町の不動産屋はつぶれないのか
知れば知るほど面白い！　土地と不動産の不思議なカラクリとは？
不動産事業プロデューサー **牧野知弘**

371
空き家問題　1000万戸の衝撃
毎年20万戸ずつ増加する空き家、不動産の二極化が進行中！　不動産協会賞受賞
牧野知弘

477
民泊ビジネス
インバウンド激増によりブームとなった民泊は、日本経済の救世主か？
牧野知弘

611
不動産激変　コロナが変えた日本社会
オフィスビル、商業ビル、タワーマンション……不動産の姿は一変する！
牧野知弘

639
ここまで変わる！家の買い方　街の選び方
過去の常識はもはや通用しない。新たな家の買い方と街の選び方を伝える
牧野知弘